Die schönsten Tischdekorationen

Beate Rabe

Die schönsten Tischdekorationen

Gestaltung der Bildseiten: Klaus Arras

Weltbild

Inhalt

Das ist doch mal etwas Besonderes (Vorwort) 6

Sie haben es in der Hand 8

Die Farben: Qual der Wahl 9

Geschirr ist nicht alles – aber ohne Geschirr? 12

Die Gläser: Klare Sache mit Stil 14

Das Besteck: Edles Werkzeug 16

Das Tischtuch: Die Garderobe Ihres Tisches 18

Gekonnt eindecken 24

Die Servietten: Kunst des Faltens 28

Tischkarten und Menükarten: Bloße Etikette? 32

Die Dinge für den letzten Schliff 34

Ein Gang durch's Jahr 36

Feste mit Freunden 54

Schnell dekorierte Tische 72

Tische im Grünen 86

Feste mit Tradition 96

Der letzte Schliff 114

Hersteller-Nachweis 116

Register 117

Das ist doch mal etwas Besonderes

»Nun aber, auf die Einladung der Hausfrau, verfügte die Gesellschaft sich nach dem geschmückten runden Speisesalon, aus welchem den Eintretenden ein festlicher Blumengeruch und eine kühlere, dem Appetit willkommene Luft entgegenwehte. Man nahm die schicklich ausgeteilten Plätze ein, ... und so saß man zu elfen nach Möglichkeit bunt an der Tafel, deren unteres Ende leer blieb. Auf ihr erhoben sich mitten zwei mächtig große Porzellanaufsätze mit gemalten Figuren, breite Schalen, gehäuft voll natürlicher Früchte und Blumen, über sich haltend. ... Was sonst da war oder nach und nach folgte, schien einen ausgedehnten Schmaus zu verkünden. Teils auf der Tafel, zwischen Schüsseln und Platten, teils vom Serviertisch herüber im Hintergrund blinkte verschiedenes edle Getränk, vom schwärzesten Rot bis hinauf zu dem gelblichen Weiß, dessen lustiger Schaum erst die zweite Hälfte eines Festes krönt.«

So hat es Mozart erlebt – auf seiner Reise nach Prag. Unerwartet ist er zum Überraschungsgast einer Hochzeitsgesellschaft geworden. Eduard Mörike erzählt in seiner Novelle diese Episode und beschreibt in trefflichen Worten die festliche Stimmung, die einladend gestalteten Räume, die illustren Festgäste und die vergnüglichen Dialoge. So angenehm war's, daß aus einer geplanten kurzen Rast für das Ehepaar Mozart ein rauschendes Fest und interessante neue Bekanntschaften entstanden.

Mörike hat beschrieben, worauf es ankommt: Ein Festmahl lebt nicht nur von einer verlockenden Menüabfolge und von edlem Wein; ebenso wichtig sind die wohlüberlegte Sitzordnung, das angenehme Ambiente des Raumes, und nicht zuletzt der prächtig gedeckte Tisch.

Dieses Buch möchte Ihnen das, was Mörike so bewundernd beschreibt, mit vielen Bildern vor Augen führen. Nicht so prachtvoll vielleicht, aber dafür individuell und vielfältig. Die Tischgestaltungen und die zugrundeliegenden Ideen eignen sich weniger zum Staunen als vielmehr zum Nachmachen. Nicht künstlerische Stilleben sind auf den Tischen aufgebaut, sondern Anregungen zu eigener mutiger Kreativität und Inszenierung.

Ihre (und unsere) Bemühungen haben sich gelohnt, wenn Sie beim nächsten Mal angesichts einer neuen, ungewöhnlichen Tischdekoration in Erwartung Ihrer Gäste mit dem letzten Fünkchen Ungewißheit und mit Aufregung sagen: Das ist doch mal etwas Besonderes!

Diese Miniatur-Möbel sind Bestandteil der Dekoration des Umzugsbrunches (Seite 66).

Sie haben es in der Hand

Irgendwann wird es wieder so weit sein: eine Gesellschaft in Ihrem Zuhause, klein oder groß, gesellig oder festlich, aus spontanem oder traditionellem Anlaß. Dann laufen die Vorbereitungen auf Hochtouren.

Manche Gastgeber müssen viel nachdenken und planen, damit für alles gesorgt ist, andere wickeln die Vorbereitung routiniert ab. Ein wenig Unsicherheit darüber, ob das Fest gelingt, bleibt aber bei beiden. Egal, wo Sie sich einreihen in der Gastgeber-Routineskala – einige Vorbereitungen in Gedanken können auf jeden Fall helfen, zum Erfolg des Festes wesentlich beizutragen.

Am Anfang des Gelingens steht immer eine gute Idee. Und wie es mit den Ideen so ist: Manchmal zündet sie sofort, ein anderes mal muß sie eher mühsam entwickelt werden. Die Erfahrung zeigt aber, daß die Mühe sich lohnt.

Vielleicht gibt die Jahreszeit Ihnen den Themenvorschlag oder der konkrete Anlaß. Vielleicht bringt das Hobby Ihres Gastes Sie auf den besonderen Gedanken, oder Sie empfinden gemeinsam Erlebtes nach. Oder Sie blättern aufmerksam in diesem Buch und lassen sich von den gezeigten Tischgestaltungen inspirieren.

Nach dem guten Beginn braucht es ein Zweites: die Konsequenz. Die Mühe am Anfang lohnt sich nur dann, wenn Ihre Gäste die gute Idee auch bemerken. Deshalb soll sich alles bestmöglichst dem ursprünglichen Thema unterordnen. Konsequenz heißt dabei, daß auch manches Gewohnte einmal ganz anders gestaltet sein kann.
Dann muß eine schöne neue Vase im Schrank bleiben, weil sie diesmal leider nicht ins Konzept paßt. Mal heißt es Abschied nehmen von der üblichen Tischdecke, mal Abschied vom ewigen Blumenstrauß. Statt dessen kommen breite Seidenbänder auf den Tisch oder buntes Herbstlaub.

Für die Idee und die Umsetzung sollten Sie eines nicht aus den Augen verlieren: Alles muß mit Ihnen und mit Ihren Gästen zu tun haben. Eine pfiffige Gestaltung, die nur Selbstzweck ist, bleibt fade. Bei Ihren Gästen wird kein Funke überspringen, und Ihre Mühe wird mit einem »na ja, interessant« quittiert. Schade.

Deshalb sind die Tischgestaltungen dieses Buches als Anregungen für Ihre eigenen Ideen und sehr persönlichen Dekorationen gedacht. Sie sind keine Rezepte mit »Gelingt-immer-Siegel«.

Viel schöner ist es, wenn Sie die Dekoration des Tisches und des Raumes erzählen lassen. Von Ihnen selber und dem, was Sie bewegt. Oder von den Gästen, die Sie eingeladen haben. Von der Hauptperson des Tages oder vom Anlaß des Zusammenseins. Von dem, was Sie gemeinsam erlebt haben, oder von dem, über das Sie mit Ihren Gästen gerne reden wollen.

Eine Dekoration mit symbolischen Elementen kann dem Gast etwas vermitteln, für das Sie sonst viele Worte bemühen müßten. Machen Sie eine liebevoll arrangierte Dekoration zur bildhaften Laudatio für Ihren Ehrengast. Besonders wenn ihm oder ihr Tischreden nicht so gut schmecken, wie das Essen bei Ihnen.

Die Dekoration kann ein wichtiger »Eisbrecher« sein. Gerade dann, wenn Gäste an Ihrem Tisch zusammenkommen, die sich bisher noch nicht kennen, kann eine ideenreiche und gastliche Dekoration bereits zu ersten Gesprächen anregen.

Die Dekoration kann traditionelle Feste in sympatischer Weise auffrischen und das Zusammensein neu beleben. Gerade dann, wenn die Erwartung der Gäste zur Routine geworden ist, kann die ungewöhnliche und treffsichere Alternative zur angenehmen Überraschung werden.

Immer dann, wenn die Dekoration Ihres Tisches eine gute und freundliche Idee – verbunden mit effektvoll gestalteten Details – vermittelt, wird bei Ihren Gästen der Funke überspringen, weil sie diese überraschende Begegnung als eine Aufmerksamkeit, als ein kleines Geschenk empfinden. Sie haben es in der Hand.

Mit der Wahl der Farben bestimmen Sie entscheidend den Charakter und die Stimmung eines Tisches. Überlassen Sie deshalb die Farbzusammenstellung nicht einer willkürlichen Entscheidung. Farben können Sie ganz bewußt einsetzen und damit bestimmte Wirkungen erzielen. So, wie Sie es wollen.

Damit's gelingt, hilft vielleicht ein kleiner Gang durch die Farbpalette. Startpunkt ist die Farbe, die auf fast jedem Tisch erscheint: Grün.

Grün bringt Frische!

Für Naturliebhaber ist es keine Frage: Frisches Grün von Blumen und Blättern bringt Leben ins Haus, besonders in der kalten Jahreszeit. Deshalb gehört das Grün gerne auf den Tisch, denn es hat neben der frischen Ausstrahlung noch eine weitere gute Eigenschaft. Grün kann andere Farben hervorheben und zur Geltung bringen, besonders die Komplementärfarbe Rot. Diese Eigenschaft können Sie nutzen, wenn Sie große grüne Blätter auf dem Tisch auslegen und darauf eine oder wenige bunte Blüten (zum Beispiel Rhododendron oder Hortensien) plazieren.

Aber auch eine »Ton-in-Ton-Komposition« in Grün kann eine sehr belebende Wirkung haben. Bringen Sie lauter grüne Dinge auf den Tisch: grüne Tischdecke, Servietten, Dekobänder, grünes Geschirr und grüne Kerzen. Der Tisch erlebt sein »grünes Wunder!«

Grau macht's edel!

Für manche ist Grau gar keine Farbe, sondern eher ein Zustand, trist und sachlich-kühl. Dabei gilt hier der Satz wie anderswo: Es kommt darauf an, was man daraus macht! Grau findet in der Architektur und in der Innenausstattung als neutrale Kulisse, in der mit anderen Farben ganz gezielt Akzente gesetzt werden, Verwendung. Nutzen Sie dies auch für Ihren Tisch. Grau ist neutral, es kann mit warmen oder kalten Farben kombiniert werden. Eine graue Tischdecke ist ein idealer Untergrund, um darauf verschiedenste Farbenspiele zu inszenieren.

Wer's »cool« mag, kann den grauen Untergrund mit Chrom oder Stahl, Spiegelglas oder Silber zusammenbringen und so eine technische Atmosphäre oder eine »kalte Pracht« hervorrufen, die durchaus sehr edel wirkt. Je nach Beleuchtung schafft eine solche Kreation interessante Licht- und Glitzereffekte.

Eine eher warme und gediegene Atmosphäre erreichen Sie mit der Kombination warmer Farben und einem Grau mit hohem Rot- oder Gelbanteil. Übrigens: Kerzenlicht bewirkt viel, wenn es darum geht, den Gesamteindruck einer Graukombination »aufzuwärmen«.

Weiß kleidet! Schlicht oder festlich

Weiß kann wie Grau verschiedenste Stimmungen zum Ausdruck bringen. Weiß wechselt seine Wirkung mit der Farbe, mit der man es kombiniert. Ein ganz in weiß gehaltener Tisch kann kühl und schlicht, aber gleichzeitig edel und elegant erscheinen.

Ganz anders ein Sommertisch mit Margeriten und Gänseblümchen und mit weißem Tüll: Er vermittelt etwas von Heiterkeit und Leichtigkeit, die anziehend ist. Festlich wird's, wenn Weiß in Verbindung mit Pastellfarben und vielen silbernen Requisiten die Tischgestaltung prägt. Sie können bestimmt den feierlichen Charakter einer Hochzeitstafel nachempfinden, bei der weiße Tischwäsche und weißes Geschirr, große silberne Leuchter und üppiger champagnerfarbener Blumenschmuck zum Festmahl einlädt.

Gelb läß es hell und fröhlich werden!

Mit der Farbe Gelb wird Sonnenschein, Helligkeit, Vitalität und fröhliches Treiben verbunden. Und es stimmt, denn viele gelbe Frühlingsblumen, Narzissen, Tulpen und Primeln in den Häusern sind Vorboten des Sommers. Das Gelb aber ist Begleiter fast durchs ganze Jahr, im Spätsommer mit den großartigen Sonnenblumen und im Herbst mit dem goldgelben Laub einiger Bäume. Also gibt es fast immer Gelegenheit, Gelb auf den Tisch zu bringen, zumal die heitere Wirkung durch weitere gelbe Tischrequisiten verstärkt werden kann. Servietten mit gelben Schleifenbändern oder Kerzen in verschiedenen Gelbtönen – das sind nur zwei von vielen Möglichkeiten.

Rot schenkt feurige Wärme!

Rot – die kühnste und impulsivste aller Farben. Leuchtendes Rot entfacht Wärme und Spannung zugleich. Nicht umsonst sind rote Rosen oft Symbol für Romantik, Leidenschaft und Schönheit. Rot ist immer dominant, Rot fällt ins Auge. Es kann deshalb leicht aufdringlich wirken. Für Ihre Tischdekoration empfiehlt sich ein entsprechend zurükkhaltender Umgang mit roten Elementen. Sinnlichkeit und Wärme strahlt Rot in der Kombination mit blassen Rosétönen aus, den feurigen Farbeffekt unterstreichen die Farben Grau und Grün. Rot kann warm und gemütlich erscheinen wie auf einem Adventstisch oder traditionell edel wie auf dem Tisch im Bild. Viel hängt von der jeweiligen Beleuchtung ab. Daher sollten Sie bei der Dekoration mit Rot auch auf das Licht im Raum achten. Probieren Sie einfach verschiedene Beleuchtungssituationen aus, damit Sie die Farbe so zur Geltung bringen, wie Sie es sich vorstellen. Richten Sie einen Spot auf die Tischmitte oder beleuchten Sie den Tisch indirekt, legen Sie eine Lichterkette aus oder stellen Sie Kerzen auf: Immer wird die Farbkombination anders erscheinen.

Pastellfarben verbreiten zarte Eleganz!

Die Pastelltöne Rosa, Flieder, Lachs, Creme und Champagner stehen im Gegensatz zu den leuchtenden Primärfarben. Trotz ihrer zarten Farbwirkung sind sie weder blaß noch unauffällig. Einen Hauch von Eleganz verbreiten sie besonders in Kombiantion mit Weiß. Hier verhelfen sie mit weichen Kontrasten dem Tisch zu einer sanften, ruhigen Ausstrahlung. Die Verbindung mit farbenfrohem Geschirr würde eher störend wirken, deshalb sollten Sie Pastelltöne zusammen mit weißem Porzellan und Vasen, mit Glas und Silber dekorieren. Sehr wirkungsvoll ist zum Beispiel eine große, mit Wasser gefüllte Schale aus Silber oder Glas, in der pastellfarbene Rosenblüten schwimmen. Daß die Gestaltung mit solchen Farben für rustikale Brotzeiten und flippige Parties weniger geeignet ist, liegt auf der Hand.

Zwei Wege zu gelungener Farbwahl

Die Entscheidung liegt bei Ihnen. Wollen Sie den Tisch harmonisch »Ton-in-Ton« gestalten oder eher auffallend, impulsiv? Für den ersten Weg, das harmonische Gesamtbild, wählen Sie zu Beginn eine Grundfarbe für die Gestaltung aus (wenn Sie nicht durch das Geschirr oder die Umgebung bereits vorgegeben ist). Alles andere, was auf den Tisch kommt, folgt konsequent dieser Grundfarbe.
Die Alternative, der auffallende Tisch, lebt von Kontrasten und den vielleicht unkonventionellen Farbkombinationen. Verschiedene Variationen mit Komplementärfarben (zum Beispiel Rot mit Grün, Blau mit Orange, Gelb mit Violett) schaffen solch ungewöhnliche Farbeindrücke. Wenn Sie durch starke Hell-Dunkel-Kontraste die Spannung noch verstärken, können Sie den »Aha-Effekt« auf Ihre Gäste sicher einplanen.

Blau schafft gediegene Atmosphäre!

Vom hellsten Taubenblau über das kräftige Stahlblau bis zum tiefdunklen Blau ist eine breite Palette von Tönen als Dekoration möglich. Mal ist Blau kühl, erinnert an Dunkelheit und Schatten, mal belebend und Inspiration für vielfältige Kreationen. Blau wirkt in der Kombination mit anderen Farben. Die gute Harmonie mit ihnen schafft eine Tiefenwirkung und gediegene Atmosphäre auf dem Tisch. Die kontrastreiche, »klassische« Kombination Blau-Weiß besticht durch die Klarheit und Lebenslust. Die eher kontrastarme Grün-Blau-Variation dagegen kann für ein sehr stilvolles Ambiente eingesetzt werden.

Geschirr ist nicht alles – aber ohne Geschirr?

Geschirr hat eine wechselvolle Geschichte hinter sich. Da gab es Zeiten, in denen Fürsten und Kaufleute mit prunkvollem Tafelporzellan versuchten, sich gegenseitig zu übertreffen. Der Prunk auf dem Tisch war wichtiger als das, was es darauf zu essen gab. Feinstes Porzellan (man nannte es »weißes Gold«) war über und über sehr kunstvoll bemalt sowie mit Blattgold verziert. Von »schnörkellos« keine Spur.

Die jüngere Vergangenheit hingegen hat uns billiges Geschirr aus Pappe und Plastik beschert. Ob es gut aussah, war egal, praktisch mußte es sein. Hopp und weg! Beides nennt sich Geschirr, aber dazwischen liegen Welten!

Wie stilvoll und bunt, wie vielfältig in Form und Material diese Welt dazwischen jedoch ist, kann sich jeder leicht vor Augen führen. Ein Blick in die Schaufensterauslagen der Fachgeschäfte genügt. Oder ein Blick auf die Tische dieses Buches. Da gibt es das weiße, gediegene Geschirr, das traditionelle mit Goldrand, das rustikale aus Keramik, das romantische in blassem Farbenspiel oder das schrille mit dem grellen Mustermix. Jedes Dekor hat seine eigene Ausstrahlung. Mal sehr dominant und mal eher zurückhaltend. Nutzen Sie also die Wirkung Ihres Geschirrs zur Verwirklichung Ihrer Dekorationsidee, sie ist schon der halbe Weg zu einer gelungenen Tischdekoration.

Weißes Geschirr gibt es in riesiger Bandbreite. Von der Kategorie »Kantinengeschirr« bis zum Eindruck »königlich edel«. Entsprechend vielfältig sind die Einsatzmöglichkeiten. Weißes Geschirr ist zurückhaltend und hat trotzdem einen prägnanten Charakter. Es verträgt sich mit kühlem Ambiente ebenso wie mit biedermeierlicher Gemütlichkeit. Die Akzente müssen Sie also durch die übrige Dekoration setzen. Platzteller aus farbigem Porzellan oder Silber entfalten hier zum Beispiel eine starke Wirkung. Sie bringen Farbe ins Spiel oder sie veredeln den Tisch.

Haben Sie ein eher auffallendes Geschirr in Ihrem Hause? In Farbe, Dekor und Gestalt unkonventionell? Dann greifen Sie doch die vorgegebenen Farben und Formen konsequent in der weiteren Dekoration auf. Die Tischdecke kommt in kräftiger Farbe daher, Dekorelemente tauchen in kleinen Beigaben auf der Tischmitte wieder auf, schrilles Geschirr wird extravagant beleuchtet, Blumenmotive korrespondieren mit dem entsprechend gestalteten Blumenschmuck auf dem Tisch. Überlegen Sie sich Lösungen, damit Geschirr und sonstige Dekoration nicht beziehunglos nebeneinanderstehen.

Keramikgeschirr mit naturfarbener Glasur und Tongeschirr verbreiten überwiegend eine rustikale Wirkung. Diese können Sie unterstreichen, wenn Sie Naturmaterialien zur Dekoration einsetzen. Eine Tischdecke aus grobem Leinen oder Sisal, Tontöpfe als Blumenvasen, dicke Kordeln als Serviettenschlaufen und Vorlegebesteck aus Holz. Dazu Wiesenblumen, Moos oder Gräser. Daß diese Dinge sehr geschmackvoll arrangiert werden können, sollten Sie sich bei nächster Gelegenheit selber beweisen!

Da es immer wieder vorkommen kann, daß das Geschirr zum Eindecken für eine größere Gesellschaft nicht ausreicht, müssen Sie gekonnt improvisieren. Das gelingt am besten, wenn Sie Mut dazu haben! Kombinieren Sie Ihr Service mit Glasgeschirr, oder ergänzen Sie farbenfrohes Porzellan mit weißem (und umgekehrt). Alle eingesetzten Teile sollten in ihrem Stil jedoch näher beieinander liegen als edles Tafelporzellan neben rustikalem Bauerngeschirr.

Die Gläser: Klare Sache mit Stil

Die Erfindung ist uralt. Was aus der Verschmelzung von Quarzsand, Kalk und Soda entstand, welch schöne Formen und praktischen Gefäße man mit diesem edlen Material formen konnte, wußten schon die alten Römer sehr zu schätzen.

Heute begegnet uns Glas in fast allen Lebenslagen, ja es ist gar nicht mehr aus unserem Alltag wegzudenken. Auch als Trinkgefäß reicht heute die Fülle des Angebotes vom billigen Preßglas bis zum mundgeblasenen, geschliffenen Designobjekt.

Qualitätsunterschiede sind auf die Beschaffenheit des Glases sowie auf die Verarbeitung zurückzuführen. Der Einsatz verschiedener Rohstoffe und der Schmelzprozeß entscheiden über die Güte des Glases. Hochwertige Gläser sind in der Regel mundgeblasen, haben geschliffene Kanten und weisen keine Naht auf. Preßgläser hingegen sind selten so »glasklar« wie die handgefertigten, weisen am oberen Rand einen kleinen Wulst auf und haben eine Naht am Stiel oder am Boden. Sie sind jedoch auch deutlich billiger als die mundgeblasenen Gläser – und damit für viele Einsatzgebiete praktischer.

Gute Qualität bieten die inzwischen marktgängigen maschinengeblasenen Gläser, mit den Vorzügen der Glasbläserkunst, aber dennoch zu Preisen, die auch die Anschaffung eines größeren Sortiments erlauben.

Die Formenvielfalt ist verwirrend, ständig ergänzen neue Kreationen das bereits unüberschaubare Angebot. Trotzdem haben sich einige Formen als »klassisch« für bestimmte Getränke durchgesetzt.

Damit Sie mit der Wahl des richtigen Glases für das jeweils angebotene Getränk Ihren Gästen zeigen, daß Sie etwas davon verstehen, hier eine kleine Einführung in die Gläserausstattung:

Über Longdrink-Gläser muß man eigentlich nicht viele Worte verlieren. Säfte, Limonaden und auch Mineralwasser werden darin serviert, wobei das abgebildete Glas für das Mineralwasser »klassischer« ist. Weil Bier ja nicht gleich Bier ist, gibt es fast so viele Biergläser-Typen, wie es Biersorten gibt. Ein Pils wird gerne in die abgebildete Biertulpe eingeschenkt, Kölsch trinkt man aus schmalen kleinen »Kölsch-Stangen«, ein Altbier-Klassiker ist etwas breiter als die Kölsch-Stange, das Weizenbier-Glas faßt den halben Liter und ist im oberen Bereich wohlgeformt, um der Blume, der Schaumkrone, den gebührenden Platz zu gewähren. Beim Wein gibt es fast ebenso viele Formen, – von den kleinen Probiergläsern über edle Bleikristall-Kelche bis hin zu deftigen Schoppen. Typisch sind die bauchigen Gläser mit großem Volumen für den Rotwein, der darin sein volles Bouquet entfalten kann: Gerade beim Rotwein »trinkt die Nase mit«. Anders beim Weißwein, der in kleineren Gläsern gekühlt serviert wird. Durch häufigeres Nachschenken ist der Wein stets frisch und kühl. Roséweine und Weißherbst sollen ihren milden Geschmack in breitem Strom auf der Zunge entfalten. Deshalb haben die dafür typischen Kelche einen nach außen gewölbten oberen Rand – ähnlich einer Blüte. Für Sekt und Champagner eignen sich die schmalen eleganten Gläser besser als Sektschalen, weil dort die Kohlensäure sehr schnell entweicht und es dann mit dem prickelnden Geschmackserlebnis vorbei ist. Die vielfältigen Glastypen für Aperitifs und Digestivs würden den Rahmen dieses kleinen Exkurses sprengen. Drei »Vertreter«, die Gläser für Sherry, Portwein und Cognac, sind in der Reihe abgebildet. Sie stehen neben den anderen Klassikern einer Gläser-Grundausstattung.

Das Besteck: Edles Werkzeug

Soll's Edelstahl oder Chromargan, Kunststoff oder Holz, Silber oder Gold sein? Sehr aufwendig dekoriert oder schlicht, klassisch oder avantgardistisch im Design? Sollen Austerngabeln dabei sein oder ein Pastetenheber? Soll es sechs- oder zwölfteilig sein? Für manchen zählt die Auswahl »seines« Bestecks zu den schwierigen (aber schönen) Entscheidungen im Leben. Von einem Aspekt sollten Sie sich bei Ihrer Auswahlentscheidung leiten lassen: Bestecke sind Werkzeuge und keine Ausstellungsstücke. Ein altes Silberbesteck, dem man die Gebrauchsspuren deutlich ansieht, zeugt mehr von Lebensfreude als eine wohlgehütete Besteck-Kollektion, mit der lediglich ausgewählte Mahlzeiten zelebriert werden. Und noch einen Grundsatz sollten Sie bei Ihrer Wahl bedenken: Das Besteck muß seine Funktion optimal erfüllen, es darf einfach nicht unpraktisch sein. Gute Designer arbeiten auch bei ausgefallenen Kreationen nach dem bewährten Grundsatz »form follows function«, die Form richtet sich nach der Funktion. Erst wenn es perfekt funktioniert, ist es gutes Design. Dies soll Sie zwar nicht daran hindern, interessante, unkonventionelle Besteck-Kunstwerke als Sammelobjekte zu erstehen – zum Essen aber bleibt es dabei: Praktisch muß es sein. Für die Materialwahl sind neben dem Preis (Echtsilber-Bestecke sind je nach Umfang der Kollektion richtige Investitionen) einige weitere Argumente von Bedeutung: Ob Sie wollen oder nicht, Silber müssen Sie hin und wieder putzen. Edelstahlbestecke sind dagegen deutlich pflegeleichter, zumal sie, falls sie von guter Qualität sind, erheblich härter in der Oberfläche und damit weniger anfällig für Kratzer und Gebrauchsspuren sind. Allerdings geben die Hersteller von Echtsilber-Bestecken in der Regel eine längere Nachkaufgarantie als die Anbieter von Stahlbestecken. Wenn Sie also nicht alles auf einmal anschaffen wollen, ist der Blick auf die Nachkaufgarantie eine weitere Entscheidungshilfe.

Aber alle diese Grundsätze nehmen Ihnen nicht die Auswahlentscheidung ab. Deshalb sollten Sie sich Zeit nehmen, um genau das Besteck, das am besten zu Ihnen paßt, auszuwählen. Daß Sie zunächst mit einer Grundausstattung beginnen und die »Exoten« sich vielleicht nach und nach von der Tante zweiten Grades schenken lassen, ist eher eine Selbstverständlichkeit. Trotzdem: Die Vielfalt ist oft verwirrend.

Denn das Angebot der Besteckhersteller ist groß, und es läßt sich keine Situation bei Tisch denken, für die es nicht das geeignete »Werkzeug« gäbe. Aus dieser Formenvielfalt können Sie für Ihre eigenen Zwecke gut eine Auswahl der gebräuchlichen Besteckformen treffen.

Die hier gezeigte Übersicht kann als Basisausstattung gelten und dient als Anregung für die Zusammenstellung Ihrer persönlichen Garnitur. Natürlich können Sie die Auswahl nach Belieben für Ihren persönlichen Bedarf ergänzen.

Zudem kann die Kombination verschiedener Bestecke, besonders bei den Vorlegebestecken, eine reizvolle Abwechslung auf den Tisch bringen. Auf diese Weise läßt sich gut das geerbte, aber stark dezimierte Besteck aus der Familie wieder zu Ehren bringen – in Kombination mit dazu passendem Besteck aus jüngeren Tagen. Die Verbindung von alt und neu können Sie verstärken, wenn das alte Besteck mit einem Monogramm oder Wappen verziert ist. Im Besteck-Fachhandel finden Sie sicher einen Experten, der die traditionelle Kennzeichnung auch auf das neue Besteck überträgt. Damit trägt beides, sowohl das alte wie das neue, Ihre »Handschrift«.

Suppenschöpfer
Buttermesser
Fischbesteck
Fischvorlegebesteck
Spargelheber
cenlöffel
Salatbesteck

Das Tischtuch: Die Garderobe Ihres Tisches

Der Gedanke an einen schön gedeckten Tisch beginnt meist mit dem frisch gewaschenen Tischtuch, das akkurat über den Tisch gebreitet ist. Manchmal endet die Dekoration bereits an dieser Stelle. Schade, denn mit wenigen Kniffen und etwas Phantasie ist alleine das Tischtuch schon in der Lage, als besondere »Verkleidung« den Tisch wirkungsvoll in Szene setzen.

Einige Regeln können dabei helfen, aus dem Tischtuch das herauszuholen, was in ihm steckt:

Das Tischtuch muß zum Tisch passen.

Das ist klar, denn nichts ist schädlicher für die Wirkung des Tisches als ein etwas zu kleines Tischtuch. Andererseits ist es für Ihre Gäste auch kein Genuß, an einem Tisch mit herabhängendem Tischtuch ständig mit der nötigen Beinfreiheit zu kämpfen. Eine »Vollverkleidung« des Tisches sollte also komfortables Sitzen trotzdem noch ermöglichen.

Das Tischtuch muß zum Geschirr passen.

Ein weißes Tischtuch läßt für die Tischgestaltung noch alles offen. Das Geschirr oder andere Dekorationselemente können dann die Akzente setzen. Farbige oder gemusterte Tücher sollten Sie gut mit dem Geschirr abstimmen, entweder harmonisch in Farbe und Dekor oder bewußt im Kontrast zueinander. Aber: es muß stimmen.

Das Tischtuch muß zum Anlaß passen.

Eine festliche Tafel gewinnt sehr viel Ausdruck durch glänzende Taft- oder Moiréstoffe. Rustikale Dekorationen werden durch Tischtücher aus grobem Leinen oder Rupfen bekräftigt. Zarte Pastelltöne mit feinen Strukturen unterstreichen besinnliche Anlässe, wogegen fröhliche Feste ruhig viel Farbe und kontrastreiche Muster im Tischtuch vertragen können.

Das Tischtuch muß zum räumlichen Umfeld passen.

Vermeiden Sie Stilbrüche! Ihre Gäste werden den Tisch nicht wahrnehmen, ohne auch die Umgebung, die Möbel, die Wände, die Stoffe und Bilder zu beobachten. Besondere »Wagnisse« mit Papier-, Lack- oder Metallfolien als Tischtuchersatz, so effektvoll sie auch sein mögen, müssen gut mit dem Ambiente des Raums abgestimmt sein. Sonst wirken sie künstlich.

Und zuletzt:
Das Tischtuch muß zu Ihnen passen.

Zusätzliche Tips zum Einsatz des Tischtuchs:

Für eine gediegene Tafel sollten Sie die scharfen Kanten des Tisches unter dem Tischtuch kaschieren. Unterlegen Sie das Tuch mit Moltons, die den Tischrand (eventuell durch einen eingenähten Gummizug) umschließen. Scharfe Kanten verschwinden, und Ihr Tisch erhält dadurch feinere Züge.

Einem Buffet-Tisch können Sie leicht »in die Höhe« helfen, wenn Sie zuerst verschiedene Etagen mit Kartons auf dem Tisch aufbauen und dann das Tischtuch darüber ausbreiten. Das ist schnell passiert und sieht gut aus, zumal die Köstlichkeiten des Buffets für Ihre Gäste dann viel übersichtlicher anzuordnen sind.

Exotisch wie ein Zataku

Geben Sie Ihrem Tischtuch den Laufpaß! Wenn Sie Ihre Gäste mit einem asiatischen Essen verwöhnen wollen, greifen Sie doch einfach zu Krepp-Papier und legen Sie es in Bahnen streng geometrisch über den Tisch. Die Enden werden jeweils mit Bambusstöcken eingefaßt, was den fernöstlichen Eindruck verstärkt. Wenn Ihnen Krepp-Papier zu einfach erscheint, erfüllen Stoffbahnen oder edle Japanpapiere den gleichen Zweck. Eine solche Dekoration läßt sich auch sehr gut am niedrigen Wohnzimmertisch realisieren. »Zwingen« Sie Ihre Gäste ruhig einmal auf die Knie.

Und dann lassen Sie den exotischen Charme dieser Kultur auch in anderen Dekorationselementen durchscheinen. Im Blumenschmuck zum Beispiel: Ikebana-Liebhaber können hier ihre ganze Kunst auf den Tisch bringen.

Fließend wie ein Schal

Den schönen Holz- oder Glastisch in Ihrem Hause wollen Sie gerne zur Geltung bringen? Dann verstecken Sie ihn nicht unter einem Tischtuch! Lassen Sie ein Stück Stoff fließend wie einen Schal über den Tisch fallen, oder drapieren Sie es in der Tischmitte. Damit schaffen Sie einen guten Farbakzent, der die natürliche Wirkung Ihres Tisches unterstreicht.

Sollen es mehrere Farbakzente gleichzeitig sein und soll mit den Kontrasten die Spannung der Tischdekoration steigen, können auch mehrere farblich unterschiedliche Stoffbahnen über den Tisch gelegt werden – entweder nebeneinander oder ineinander verwoben.

Gerafft wie ein Sommerkleid

Schnell erledigt und trotzdem auffallend ist dieser kleine Kniff besonders bei länglichen Tischen mit herabhängendem Tischtuch. Raffen Sie das Tuch in der Mitte und stecken Sie das Geraffte oben mit einer Sicherheitsnadel fest. Dorthinein befestigen Sie je nach Jahreszeit und Anlaß grüne Blätter oder Blüten, eine große Schleife oder dekorative Kugeln. Für einen Buffet-Tisch ist ein solches »Sommerkleid« besonders gut geeignet.

Wenn Sie einen sehr langen Buffet-Tisch oder einen großen runden Tisch in dieser Art einkleiden wollen, raffen Sie das herabhängende Tuch gleichmäßig an mehreren Stellen hoch und stecken es in der gleichen Weise fest. Die so entstandenen Schabracken erinnern an festliche Tische aus der Zeit des Barock.

Geschmückt wie eine Braut

Lieben Sie Tüll? Dann nehmen Sie ein langes Stück davon und befestigen Sie es als Girlande rund um den Tisch. Die Girlande wird an mehreren Punkten entweder mit Sicherheitsnadeln angesteckt oder mit wenigen Stichen am Tischtuch angenäht. Achten Sie darauf, daß Tüll und Tischtuch farblich zueinander passen. Die besondere Wirkung erzielen Sie mit Gestecken aus Efeu und Blüten, die in den Haltepunkten der Girlande befestigt sind.

Wenn der Tüllstoff für eine Girlande nicht ausreicht, können Sie alternativ aus kleineren Stücken große Schleifen binden, die dann ebenfalls an die Seiten angeheftet werden.

Einen eher flippigen und ausgefallenen Effekt erzielen Sie mit dem Einsatz von vielen bunten, teils neonfarbenen Tüllschleifen, die Sie frei nach Ihrer künstlerischen Natur auf dem Tischtuch befestigen. Nur sollten Sie überschäumendes Temperament bremsen, weil zuviel Tüll-Fülle und schrille Farben Ihre Gäste eher irritieren als anregen.

Gekonnt eindecken

Haben Sie schon einmal in einem guten Hotel oder Restaurant die Profis beobachtet, wie exakt und routiniert sie die große Tafel für ein fünf- oder sechsgängiges Menü eindecken? Mengen von Gläsern und Tafelsilber werden zielsicher an die vorbestimmten Stellen plaziert. Fast unübersichtlich wirkt die Vielzahl der Teile rund um ein Gedeck.

Trotzdem: Alles folgt einer klaren Regel.

Die Gäste beginnen immer mit dem außen liegenden Besteck und »arbeiten« sich im Laufe des Menüs nach innen vor. Das gleiche Vorgehen gilt für die Gläser. Das zuerst servierte Getränk wird in das Glas gefüllt, das die Gäste als erstes zur Hand nehmen. Zusätzlich wird oft noch ein Brotteller eingedeckt, der links neben dem Gedeck steht.

Diese wenigen Regeln sind so einfach und klar, daß sie für jeden Gast zur Routine werden können, so daß während des Essens nicht mehr darüber nachgedacht werden muß.

Damit die Vorbereitung für Sie ebenso zur Routine wird, sollten Sie sich vor dem Eindecken Klarheit über die Menü-Abfolge und die Getränke verschaffen. Dann wird das Besteck in der umgekehrten Menü-Abfolge ausgelegt, für den letzten Gang zuerst innen am Teller und zum Schluß außen das Besteck für den ersten Gang.

Zwei weitere Tips, damit jedes Gedeck perfekt gestaltet ist:

Wenden Sie die »Daumenregel« an! Teller und Besteckgriffe sollten eine Daumenbreite weit von der Tischkante Abstand halten.

Vermeiden Sie Suchspiele! Kein Besteck sollte unter dem Tellerrand verschwinden. Alles, was gebraucht wird, möchten Ihre Gäste auch entdecken, ohne suchen zu müssen.

Die Beispiele auf der folgenden Doppelseite illustrieren zwei Gedecke für Mahlzeiten, die mit wenigen Gängen wahrscheinlich die Mehrzahl der Menüs zu Hause ausmachen. Zwei weitere Beispiele zeigen Varianten von aufwendigeren Gedecken für viergängige Menüs.

MENU
WILKENS

Geschirr: Ein Eßteller steht für die Hauptmahlzeit bereit. Der Dessertteller oder die -schale wird nicht mit eingedeckt.

Besteck: Für das Hauptgericht liegen Messer und Gabel bereit, der Dessertlöffel liegt mit dem Griff nach rechts oberhalb des Tellers.

Gläser: Falls Wein serviert wird, steht das entsprechende Weiß- oder Rotweinglas rechts über dem Messer. Auch Biertulpen oder andere Gläser werden dort plaziert.

Geschirr: Für ein italienisches Pasta-Gericht steht ein tiefer Teller bereit. Der Eßteller darunter dient als Platzteller. Ein Brotteller gehört für italienische Gerichte einfach dazu.

Besteck: Für die Pasta liegen Eßlöffel und Gabel rechts beziehungsweise links neben dem Teller, der Dessertlöffel mit dem Griff nach rechts oberhalb des Tellers und das Buttermesser auf dem Brotteller.

Gläser: Wasser gehört dazu! Für das obligatorische »Acqua minerale« steht ein Wasserglas bereit. Das Weinglas steht links oberhalb des Wasserglases.

Geschirr: Auf einem Platzteller sind der Eßteller und die Suppentasse eingedekkt. In vielen Fällen wird die Suppe direkt in den Suppentassen gereicht, so daß zunächst nur der Teller eingedeckt ist.

Besteck: Der Suppenlöffel liegt rechts außen, danach folgen Vorspeisenmesser und -gabel. Messer und Gabel für's Hauptgericht werden innen gedeckt. Der Dessertlöffel liegt oberhalb des Tellers.

Gläser: Für die Vorspeise steht ein Weißweinglas rechts oberhalb des Suppenlöffels. Links darüber folgt das Wasserglas, das oft benutzt wird. Das Rotweinglas für das Hauptgericht steht in der gleichen Linie darüber.

Geschirr: Suppenteller und Eßteller stehen auf einem Platzteller in der Mitte. Ein kleiner Brotteller steht links daneben, etwas oberhalb der Gabeln.

Besteck: Der Suppenlöffel wird rechts neben dem Fischmesser eingedeckt. Die Fischgabel liegt links außen. Für das Hauptgericht sind Messer und Gabel innen plaziert. Auf dem Brotteller wird ein kleines Butter- oder Vorspeisenmesser ausgelegt. Oberhalb des Tellers liegt das Dessertbesteck, die Gabel innen und mit dem Griff nach links, der Löffel außen und mit dem Griff nach rechts.

Gläser: Als Gläser stehen, rechts oberhalb des Suppenlöffels beginnend, ein Weißweinglas für die Vorspeisen, das Wasserglas und ein Rotweinglas für das Hauptgericht.

Die Servietten: Kunst des Faltens

Servietten gehören auf den schön gedeckten Tisch. Nicht nur für den bekannten Zweck, sondern auch als vielgestaltiger Blickfang.

In der Zeit des Barock wurde das Serviettenfalten sogar als Kunst betrieben. Stilisierte Blumen, Vögel und andere Phantasiegebilde haben die »Künstler« individuell für jeden Gast gefertigt. Auch wenn diese aufwendige Gestaltung für unsere Dekorationen etwas zu viel des Guten wäre, läßt sich doch durch die Serviette die Dekorationsidee effektvoll umsetzen.

Zum Ausprobieren einer neuen Faltanleitung sollten Sie mit einem Stück Papier proben. Damit das Falten gelingt, müssen Sie die Stoffservietten vor dem Bügeln stärken. Sonst wird Ihr Gebilde trotz gelungener Falttechnik nie die notwendige Stabilität erhalten.

Sollen es für einen bestimmten Tisch lieber Papierservietten sein? Dann versuchen Sie einfachere Formen mit Servietten zu falten, deren Papier relativ steif ist. Eine immer größere Auswahl solcher Papierservietten, verschiedenste Farben und Muster können Ihnen für Ihre Tischidee zahlreiche Anregungen geben.

Der Fächer

1. Falten Sie die Serviette zur Hälfte zusammen und legen Sie dann gut die Hälfte dieses Rechtecks zu Ziehharmonika-Falten zusammen.

2. Drücken Sie die Ziehharmonika zusammen und klappen das Ganze so, daß das lange Ende innen liegt.

3. Das entstandene kleinere Rechteck schlagen Sie jetzt über die Diagonale zu einem Dreieck übereinander.

4. Den überstehenden Rand knicken Sie um das Dreieck herum und stellen dann den Fächer auf.

Drei Wellen

1. Legen Sie die Serviette zu einem Drittel zusammen, so daß ein langes Rechteck entsteht.

2. Schlagen Sie dann die Enden des Rechtecks in zwei Stufen zur Mitte hin.

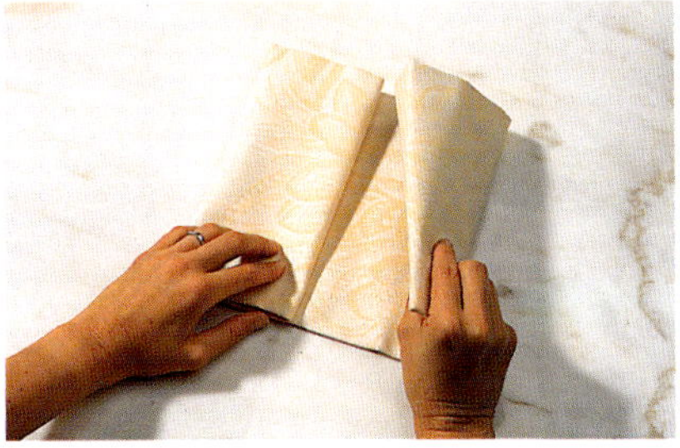

3. Sie erhalten ein Quadrat. Und die zwei ersten der drei Wellen.

4. Die dritte Welle entsteht, wenn Sie das Quadrat nach hinten hin umfalten, so daß die drei Falten etwas versetzt übereinanderliegen.

Der Schmetterling

1. Falten Sie die beiden Seiten der Serviette zur Mittellinie hin, so daß sie dort zusammentreffen.

2. Klappen Sie nun die eingeschlagenen Seiten übereinander. Es entsteht ein langgezogenes Rechteck.

3. Legen Sie die Enden dieses Rechtecks – zur Hälfte geklappt – bis zur Mittellinie aneinander.

4. Ziehen Sie dann auf einer Seite die obere Falte von außen zur Mitte hoch und drücken Sie das entstandene Dreieck in der Mitte ein, so daß eine Doppelfalte entsteht.

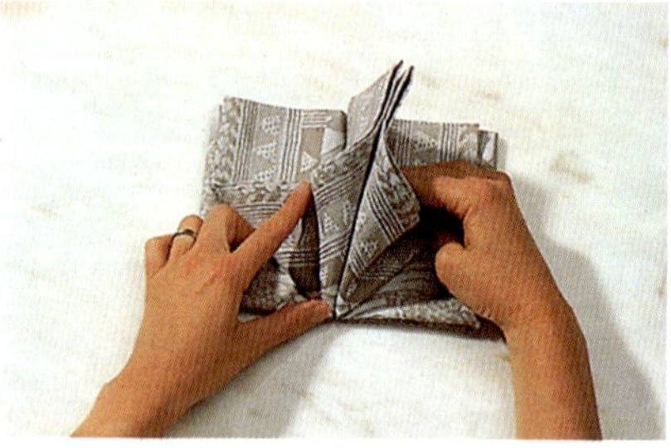

5. Wenn Sie den gleichen Vorgang auf der anderen Seite wiederholen, haben Sie die beiden Schmetterlingsflügel ausgeformt.

Das Boot

1. Die zu einem Viertel zusammengefaltete Serviette legen Sie von den vier losen Enden her zu einem Dreieck zusammen.

2. Drehen Sie es so herum, daß die losen Ecken unten liegen, und klappen Sie dann die beiden spitzen Ecken zur Mitte hin.

3. Knicken Sie die überstehenden Zipfel nach hinten um.

4. Klappen Sie das lange Dreieck so zusammen, daß die beiden Zipfel innen liegen.

5. Wenn Sie das Gebilde an der kurzen Seite festhalten und an der spitzen Ecke die Falten nacheinander etwas hochziehen, erhalten Sie Ihr »Serviettenboot«.

Das hat sich eingeprägt: Menükarten und Tischordnung, das ist etwas für die Etikette, das bleibt offiziellen Anlässen vorbehalten. Für die Tischrunde im privaten Rahmen ist es übertriebener Aufwand. Schade, wenn's so bliebe. Denn Menükarten für ein kleines Abendessen oder Tischkarten für eine gemütliche Kaffeestunde bei Ihnen zu Hause können eine verbindliche Geste sein. Und – wenn Sie's gut machen – ein Zeichen, daß Sie Ihre Gastgeber-Rolle beherrschen. Für die Tischdekoration sind sie allemal ein dekorativer Blickfang.

Denn phantasievoll gestaltete Menükarten wecken die Vorfreude auf ein delikates Essen und werden nachher zu schönen Erinnerungsstücken, die Ihre Gäste gerne mit nach Hause nehmen.

Menükarten können wahre Kunstwerke sein. Für Ihren privaten Rahmen aber muß das nicht sein, denn schon eine wenig aufwendige, aber wohlüberlegte Verzierung verhilft den Karten zu einer ansprechenden und sehr persönlichen Gestalt. Setzen Sie Fotos oder Scherenschnitte, Satin- oder Kordelbänder, Blüten, Blätter oder andere zum Thema des Festes passende Materialien ein. Das Bild zeigt Ihnen einige Beispiele, die auf verschiedenen Tischen dieses Buches »mit von der Partie« sind.

Einige Tips helfen Ihnen bei der Gestaltung:

Menükarten sind dezente Hinweise auf das, was Ihre Gäste erwartet. Trotz aller Kreativität bei der Formulierung der Menüabfolge sollten Sie zu »laute« Töne vermeiden. Achten Sie darauf, daß Sie halten können, was Sie versprechen. Und im Format sollten die Karten nicht die sonstige Dekoration übertreffen, zumal Ihre Gäste die Karten während des Essens gerne an ihrem Platz ablegen. Wenn Sie ein größeres Blatt beschreiben wollen, dann ist die mit schöner Schleife gebundene »Menü-Rolle« eine gute Alternative zur Karte.

Für größere Feste, zum Beispiel für Hochzeitsgesellschaften, ist die handgeschriebene Menükarte oft zu aufwendig. Wenden Sie sich mit der geplanten Menüabfolge an eine kleine Druckerei, die Ihnen den Text nach Ihren Vorstellungen absetzt und druckt.

Falls Sie »auswärts« feiern, sollten Sie den Service des Hotels oder Restaurants, die Menükarten herzustellen, gerne nutzen. Lassen Sie sich beraten, aber nehmen Sie ruhig auch Einfluß auf die Gestaltung.

Die beiden Beispiele zeigen Ihnen, wie Sie alle Köstlichkeiten, die Sie Ihren Gästen servieren werden, übersichtlich auf der Menükarte anordnen können.

Was gibt's zu trinken? Entweder lassen Sie die Getränkeübersicht nach dem Dessert beziehungsweise Mocca folgen, oder Sie setzen es bei einer Faltkarte auf die linke Innenseite. Wird für jeden Gang ein passendes Getränk gereicht, sollten die Getränke (links) in der Abfolge mit dem Menü (rechts) korrespondieren.

Übrigens: Daß Sie Mineralwasser und andere Erfrischungsgetränke anbieten, ist eine Selbstverständlichkeit, die nicht in der Menükarte stehen muß.

Und die Tischordnung?

Wer nichts dem Zufall überläßt, nutzt dekorative Tischkarten ganz nebenbei als sympatische »Platzanweiser«. Um diejenigen Gäste zusammen zu bringen, die sich kennenlernen sollen, um jeder Dame den geeigneten Tischherren zur Seite zu stellen und um (Ehe-)Paare und mögliche Cliquen für einige Stunden zu trennen.

Lassen Sie Ihre Gäste das »Wer sitzt wo?« selber herausfinden, oder verbinden Sie es mit einem kleinen Spiel, bei dem sich die Tischpartner zwanglos bereits vor dem Hinsetzen kennenlernen. Daß dann die Tischherren links neben ihrer Dame sitzen, ist die erste Grundregel der Tischordnung. Bankett-Spezialisten berücksichtigen für offizielle Anlässe viele weitere Regeln, die Sie aber bei Ihren häuslichen Festen ruhig vernachlässigen dürfen. Folgen Sie Ihrer Intuition, so werden Sie sicher das meiste schon richtig machen.

Tip:
Falls Sie beides – Tisch- und Menükarten – einsetzen, sollten Sie eine Stilvermischung vermeiden. Es ist gut, wenn beide in Papier, Farbe und Dekoration übereinstimmen, damit ein einheitliches Bild gewährleistet ist.

Die Dinge für den letzten Schliff

Der Tisch auf diesem Bild ist nicht nur ein Stilleben. Es ist die Zusammenstellung einer kleinen Auswahl von Dingen, die auf den verschiedenen Tischen dieses Buches in der Dekoration zum Einsatz gekommen sind. Das soll Ihren Blick ein wenig auf die vielen Accessoires lenken, mit denen Sie sich zu Hause umgeben.

Denn jedes Gefäß, jede Skulptur, schöne Steine oder Muscheln, Dekobänder oder Murmeln sind geeignet, Sie auf Ideen für eine Tischdekoration zu bringen. Haben Sie ruhig den Mut, einfache Gebrauchsgegenstände aus Haus und Garten oder sogar Lebensmittel unkonventionell in Szene zu setzen. Wie wär's mit Draht, Stoffstücken, Sand, mit alten Töpfen oder Flaschen, mit Kugeln, Kerzen, Spiegeln oder gar mit Spielzeugautos? Was spricht gegen einen großen Kohlkopf oder grünen Spargel als Ersatz beziehungsweise Ergänzung zu Blumen? Warum nicht einmal fünfzig spitze Bleistifte für den Geburtstagstisch eines Wirtschaftsprüfers? Oder braunes Laub auf dem Tisch, wo wir es doch im Herbst draußen im Wald so genießen?

Aber nicht nur die Dinge des Alltags können Sie inspirieren, sondern auch die große Auswahl an Leuchtern, Vasen, Serviettenringen oder zum Beispiel Messerbänkchen in den guten Fachgeschäften. Viele Accessoires, die Sie dort finden, bieten Ihnen Anregungen für »Blickfänge« auf Ihrem Tisch.

Und dann der Blumenstrauß!

Blumen haben beim Tischschmuck schon immer eine wesentliche Rolle gespielt. Das soll und wird so bleiben. Denn sie sind mit ihrer natürlichen Schönheit, ihrer wohlriechenden Frische und ihrer manchmal symbolischen Bedeutung ein Wegbegleiter durchs ganze Leben.

Auch wenn Sie nicht das handwerkliche Geschick eines Floristen haben, kann es sehr viel Freude bereiten, nicht immer einen fertigen Strauß zu kaufen. Aus einigen Blüten oder Blumen des Gartens lassen sich wunderschöne, eigene Kreationen erstellen, wenn Blätter, Gräser und Zweige – und Ihre Phantasie – sich ergänzen.

Achten Sie nur darauf, daß die Blumensträuße ihren natürlichen Charme behalten. Künstliche Zutaten und völlig entfremdete Arrangements sollten Sie diesen schönen Produkten unserer Natur nicht antun. Ein bunter Wiesenstrauß wirkt sehr gut in einem einfachen Naturtopf oder in einer Holzkiste (natürlich mit wasserdichtem Einsatz). Ein Strauß Sonnenblumen verträgt sich gut mit rustikalen Tongefäßen. Blüten von Frühlingsblumen können ruhig auch einfach auf dem Tisch ausgelegt werden. Und für die feinen Vasen in Ihrem Schrank gibt es immer noch genügend Blumen, die gerade darin ihre beste Wirkung erzielen.

Tip:
Bei der Auswahl des Dekorationsmaterials insgesamt ist Originalität gefragt, die sich nicht im rauschigen und kostspieligen Materialverbrauch verlieren sollte. Die auf den folgenden Seiten gezeigten Beispiele illustrieren, daß Sie beim Materialeinkauf und bei der ganzen Tischgestaltung nicht auf teure und umweltbelastende Materialien angewiesen sind. Natürliche Dinge bieten ebenso eine Fülle von Anregungen für interessante Tischgestaltungen.

Ein Gang durch's Jahr

Viel besungen und oft in Öl gemalt: der Frühling mit seinen frischen Farben, die Blütenpracht des Sommers, herbstliche Wälder und winterliche Berge und Flußläufe.

Stimmungen, die Sie auch auf Ihrem Tisch einfangen können. Wie es geht, zeigen einige Beispiele quer durch die Jahreszeiten. Egal also, wann Sie feiern und welchen Anlaß Sie wählen. Solche Tische schaffen eine unverwechselbare Atmosphäre.

Frühlingserwachen

Er ist's

Frühling läßt sein blaues Band
wieder flattern durch die Lüfte;
süße, wohlbekannte Düfte
streifen ahnungsvoll das Land.
Veilchen träumen schon,
wollen balde kommen. –
Horch' von fern eine leiser Harfenton!
Frühling, ja du bist's!
Dich hab' ich vernommen!
(Ein Gedicht von Eduard Mörike)

Haben Sie ihn vernommen, den Frühling? Zögern Sie nicht, holen Sie ihn herein!

Kreativ:
Das Gelb von Tischdecke, Platztellern und Blüten, kombiniert mit der weißen Spitzendecke sowie mit weißem Porzellan, gibt den erfrischenden Grundton des Tisches – als Symbol für die Zartheit der ersten Knospen.

Farbe und Kontrast bringen die Blumenkränze auf den Platztellern, bei denen Veilchen, Vergißmeinnicht und Ranunkeln auf einen gebogenen Draht gebunden worden sind. Mit etwas Geschick können Sie die Kränze selber binden.

Damit die Blüten frisch und die Farben kräftig bleiben, sollten Sie die Kränze bis zum Beginn des Essens in Wasser legen. Einzelne Blüten, die Sie vom Kränzebinden übrig haben, können dann einfach über den Tisch verteilt werden.
Das blaue Band, das als Schleife die Blumenkränze ergänzt und zusätzlich locker auf den Tisch gelegt wird, nimmt in symbolischer Weise den Gedanken von Eduard Mörike auf: »Frühling läßt seine blaues Band wieder flattern durch die Lüfte…«
Schlichte, weiße Stoffservietten sind hier dem Thema entsprechend wie Blüten in runde, silberne Serviettenringe gesteckt.

Tip:
Wollen Sie das Frühlingserwachen lieber etwas naturverbundener und rustikaler gestalten, dann bringen Sie kleine Tontöpfe mit Krokussen, Narzissen, Primeln oder Tulpen auf den Tisch. Ergänzen Sie dies mit ausgelegten Blumenzwiebeln sowie frischen Gräsern oder Zweigen mit zartgrünen Blättern. Als Tischkarten können Sie aus Papier gefaltete Schmetterlinge oder Vögel verwenden.

Ostervesper: Jedes Jahr auf's Neue

Der Osterspaziergang ist für viele eine gute alte Sitte. Es treibt sie hinaus in die Natur, und sie genießen mit allen Sinnen, daß der Frühling einzieht. Außerdem sind die Ostertage traditionelle Besuchstage: Verwandte oder Freunde kommen für ein paar Tage zum Kurzurlaub zu Ihnen, oder die Kinder (die Eltern) sind mal wieder zu Hause. Wenn Sie Ihre Gäste einmal überraschen wollen, kann diese Idee eine Empfehlung für Sie sein: Schließen Sie den Osterspaziergang mit einer rustikalen, ländlichen Ostervesper ab.

Kreativ:
Entwerfen Sie auf Ihrem Tisch eine kleine Mooslandschaft! Im Mittelpunkt steht ein Moos-Arrangement, das Sie mit der ganzen Familie gestalten können. Auch die anderen Bestandteile können Sie gemeinsam zusammentragen und fertigstellen.

Frisches Moos dient hier als Unterlage für Eier, Blüten und Terracotta-Töpfe. Sie finden es im Wald, vielleicht sogar im Garten. Oder Sie erhalten es das ganze Jahr über bei Ihrem Floristen oder Gärtner. Um das Holz der Tischplatte zu schützen, können Sie Frischhaltefolie unterlegen.

In das Moos setzen Sie kleine Frühlingsblumen, wie Traubenhyazinthen, Narzissen, Maßliebchen und Zweige, die Sie zuvor in »Moosi« (das Sie ebenfalls beim Floristen kaufen können) gesteckt haben. Hübsch sieht es aus, wenn die zarten Blumengebinde aus einem oder mehreren Töpfen »herauswachsen oder –fallen«.

Plazieren Sie die Terracotta-Töpfe im Moos, um sie dann mit gefärbten Eiern oder Blumen zu füllen.

Tip:
Zu dieser naturnahen Tischdekoration passen vorzugsweise Eier, die mit Naturfarben gefärbt sind. Blauholz, Sandelholz, Krappwurzel, Zitronenholz und Brennesselkraut lierfern Ihnen fast alle Farbtöne für eine bunte Vielfalt. Kochen Sie die Eier einfach zusammen mit einem der Kräuter, und entscheiden Sie durch die Dauer des jeweiligen Farbbades über die Farbintensität, bis Sie eine Sammlung Eier in schönen Farbabstufungen erhalten haben. Solche Naturfarben können Sie in der Apotheke kaufen. Dort können Sie sich sicher auch beraten lassen.

Je nach Tischgröße und persönlichem Geschmack läßt sich anderer Osterschmuck, zum Beispiel Wachteleier, kleine Osterhasen oder bemalte Ostereier, in die Dekoration einbauen.

Frühstück mit frischen Früchten

Herrlich, so eine Einladung zum Frühstück an einem sonnigen Sommermorgen. Ein schön gedeckter Tisch und der Duft von frischen Brötchen und Kaffee empfängt die Gäste. Das ist das Reizvollste am gemeinsamen Frühstück: Sie haben Zeit miteinander, der ganze Tag liegt noch vor Ihnen, und aus dem Frühstück kann leicht ein Brunch, wenn's gefällt, sogar noch eine Nachmittags-Kaffeetafel werden. Was Sie als Gast bei anderen schätzen, können Sie als Gastgeber trotz der damit verbundenen Vorbereitung auch selbst genießen: Ein gemeinsames Sommerfrühstück mit viel frischem Obst kann etwas Besonderes und Belebendes für Sie und Ihre Gäste sein, und der Tisch ist mit wenig Aufwand sehr einladend dekoriert.

Kreativ:

Wenn Sie die Tischwäsche und das Geschirr in weißen und grünen Farbtönen halten, haben Sie bereits die Basis für eine frische Wirkung. Selbstverständlich sind auch andere Farben in Verbindung mit Weiß denkbar, jedoch nimmt die Grün-Weiß-Kombination das natürliche Grün der Früchte und Blätter sehr gut auf.

Früchte, so üppig und schön wie ein großer Blumenstrauß, stellen bei dieser Dekoration natürlich den Mittelpunkt dar. Wählen Sie so viele (verschiedene) Früchte der Saison aus, wie Sie brauchen, um damit eine große Schale gut füllen zu können. Die Zusammenstellung soll ganz Ihrer Phantasie und dem jahreszeitlichen Früchteangebot entsprechen. Egal, ob Erdbeeren, Weintrauben, exotische Früchte oder Trockenobst: Alles eignet sich, um diese Früchteschale in Szene zu setzen.

Der besondere Effekt entsteht durch zwei einfache Tricks: Die vom Waschen noch feuchten Früchte werden mit Puderzucker bestäubt, der durch ein feines Sieb gestrichen wird. Dann werden als Kontrast einige nicht bestäubte, gut abgewaschene Wein- oder Erdbeerpflanzen-Blätter zwischen die Früchte gesteckt. Wenn diese Blätter nicht zur Verfügung stehen, können auch Efeu-Blätter zum Einsatz kommen. Allerdings muß das Efeu trocken sein, und die Stiele sollten nicht mit dem Obst in Berührung kommen. Bei feuchtem Efeu entwickeln sich schädliche Stoffe, die sich nicht auf dem Obst ablagern dürfen.

Um die große Obstschale ist hier ein Stoffstück (150 x 150 cm) kreisförmig in lockerer Form herumgelegt. Dies hebt das Früchte-Arrangement als Mittelpunkt noch stärker heraus.

Die Gestaltungsidee der Tischmitte können Sie bei den Gedecken noch einmal aufgreifen. Legen Sie Obst und Blätter auf den Tellern aus, und ergänzen Sie es durch kleinere Bänder des in der Mitte bereits verwendeten Stoffes. Diese Stoffbänder werden locker um den Teller drapiert.

Tip:

Ein Frühstück mit mehreren Gästen läßt sich im »kulinarischen Teil« der Tischdekoration entsprechend fortsetzen: Bitten Sie Ihre Gäste, aus frischen Früchten individuelle Überraschungen zu zaubern und diese selbstgemachte Köstlichkeit – anstelle von Blumen – mitzubringen.

»Sieh' mal, wie der Drachen fliegt!« Vielleicht gehört es auch bei Ihnen zu den schönen Kindheitserinnerungen, im Herbst über goldgelbe Stoppelfelder zu laufen und den – mit Vaters Hilfe – selbstgebauten Drachen zum Fliegen zu bringen. Welches Gefühl von Stolz, Glück und Spannung, wenn der bunte Kerl dort oben seine Kreise zieht.

Wenn Sie Lust haben, den nächsten Kindergeburtstag im Herbst als ein Drachen-Fest zu feiern oder einfach einen kleinen Ausflug auf die abgeernteten Feldern zu unternehmen, dann kann diese Dekorationsidee den Erlebniswert sicher erheblich steigern.

Das rot-weiß karierte Tischtuch unterstreicht den rustikalen und fröhlichen Rahmen, in dem Ihr Imbiß veranstaltet wird. Einige größere Geschirrhandtücher können übrigens den gleichen Zweck erfüllen.

Mehrere Drachen, komplett mit Haspeln und Tauwerk, in allen Größen und Farben ergeben eine gute Kulisse rund um das aufgebaute kleine Buffet. Ob sie in Eigenarbeit hergestellt oder gekauft sind – sie verbreiten Heiterkeit und laden ein, nach dem gemeinsamen Essen gleich zur Haspel zu greifen und das Drachensteigen zu starten.

Kreativ:
Suchen Sie sich für Ihre gemeinsame Unternehmung ein Feld oder eine Wiese aus, auf denen gerade Stroh- oder Heuballen liegen, die noch nicht eingefahren wurden. Damit haben Sie bereits Tische und Stühle.

Kleinere Drachenmodelle – hier sind sie aus Holz – dienen als Serviettenhalter. Aus Papier oder Pappe sind solche Modelle leicht herzustellen. Wenn es Ihnen Spaß macht, können Sie die gleichen Modelle zusätzlich als Einladungskarte zu Ihrer Unternehmung nutzen: Den kleinen Drachen auf eine Karte kleben oder den Drachen selbst beschriften, so überraschen Sie Ihre Gäste sicherlich mit einer ungewöhnlichen Einladung zu einem ebenso ungewöhnlichen Beisammensein.

Was es, besonders beim Kindergeburtstag, zu essen gibt, entscheiden die hungrigen Mäuler der Anwesenden. Vielleicht können naturverbundene Speisen und Zutaten unterstreichen, daß man es sich draußen auf den Feldern bei frischer Luft so richtig gutgehen läßt.

Ein Muschelessen

Ferienstimmung! Zählen Sie auch zu den Menschen, die in ihrem Urlaub lange Strandspaziergänge unternehmen und dabei Muscheln, Steine und Strandgut als kleine Schätze und Urlaubserinnerungen mit nach Hause tragen? Dann haben Sie im Grunde schon die wesentlichen Requisiten für diese Tischdekoration.

Kreativ:
Arrangieren Sie in der Mitte Ihrer Tischplatte eine kleine Sandlandschaft. Damit der Tisch nicht beschädigt wird, unterlegen Sie den Sand mit Zeitungspapier. Falls Sie keine Glastischplatte haben, kann ein blaues Tischtuch die Farbe des Meeres genausogut zur Geltung bringen.
Feiner, weißer Seesand ist übrigens, wenn Sie nicht den Sandkasten Ihrer Kinder plündern wollen, im Handwerkermarkt für wenig Geld erhältlich.

Legen Sie die Mitbringsel Ihres Strandurlaubs (Muscheln, Steine, Schnecken, Seeigel, Seepferdchen) auf dem Sand aus. Wenn Sie auf solche Urlaubserinnerungen nicht zurückgreifen können, reichen Steine und einige Miesmuschelschalen ebenfalls aus.

Gräser, wie sie in den Dünen zu finden sind, geben Ihrer Strandlandschaft eine besonders natürliche Note. Unter den Gedecken ausgebreitet, entfalten sie ihre beste Wirkung. Verschiedene Gräser-Arten finden Sie auch bei Ihrem Floristen.

Nehmen Sie weißes oder blaues Glasgeschirr und entsprechende Serviettenringe. Das paßt hervorragend zu dieser Dekoration, weil es die Farbigkeit und Transparenz des Wassers aufnimmt. Falls Sie keine Serviettenringe aus Glas haben, hilft Ihnen eine halbgeöffnete Miesmuschel. Klemmen Sie die Serviette hinein, und halten Sie sie mit einer Naturkordel zusammen.

Herbstzeit auf dem Tisch

Spätherbst – eine Wanderung durch den Wald oder entlang an frischbestellten Feldern: Das ist immer wieder ein Erlebnis für die Sinne. Die Stille rundherum, der feuchtweiche Boden unter den Füßen, die einzigartige Farbenpracht des Herbstlaubes und die dunstige, würzige Luft; dazu die letzten Brombeeren am Wegesrand. Auch wenn manche den Herbst nicht recht mögen, weil die Tage so schnell kürzer werden – so ein Spaziergang gehört zu den besonderen Reizen dieser Jahreszeit, bevor der kalte Winter kommt.

Lassen Sie sich vom bunten Laub, von Kastanien, Eicheln, Wurzeln und Pilzen inspirieren. Nehmen Sie die Anregungen auf, die die Natur Ihnen gibt, und setzen Sie es nach dem »Marsch« auf einer stimmungsvollen, herbstlichen Tafel um.

Kreativ:
Wählen Sie für Tischwäsche und Geschirr die herbstlichen Farben, moosgrün und warme Gelb-/Brauntöne. Auch alle Dekorationselemente sollten sich dieser Farbwelt anschließen.

Moos, das Sie aus dem Wald mitgebracht haben, können Sie in der Tischmitte als Grundlage für die Dekoration auslegen. Dazu sollten Sie ein schönes Stück Baumrinde suchen, das Sie mit der Innenseite nach oben über das Moos legen und in die Rinde hinein einige Pilze stecken können.

Rund um dieses »Stück Natur« lassen sich nun die unterschiedlichen Waldfindlinge ausbreiten: Eicheln, Kastanien und Nüsse, dazu einige kleine Zweige mit Blättern.

Auch ein Geweih darf ruhig auf diesem Tisch Platz nehmen, obwohl es nicht gerade weidmännisch ist, daß ein solches Teil auf die Tafel kommt. Wenn's Ihnen gefällt, dürfen Sie sich bestimmt einmal darüber hinwegsetzen.

Wenn Sie es aber insgesamt »weidmännischer« gestalten wollen, können Sie nach Belieben einige Requisiten aus der Jägerwelt, wie zum Beispiel Jagdhörner, zur Dekoration verwenden. Auch für die Menükarten auf den Gedecken eignen sich Kopien von Bildern oder alten Stichen mit Jagdszenen oder ähnlichen Motiven.

Tip:
Falls Ihnen für das Anfertigen von aufwendigen Menükarten zuwenig Zeit bleibt, nehmen Sie einfach schöne große Blätter vom gesammelten Herbstlaub, binden kleine neutrale Kärtchen daran, die Sie beschriftet haben, und legen diese »Platzblätter« auf die Gedecke.

Im 18. und 19. Jahrhundert trafen sich die Hirten in Schottland abends in ihren Hütten, den sogenannten »Bothy's«, um zu erzählen, zu singen, zu trinken oder einfach um sich aufzuwärmen. Bis in unsere Zeit sind die »Bothy Ballades«, Hirtenlieder mit manchmal sehr direkten und zum Teil anzüglichen Texten, lebendige Zeugnisse dieser Kultur.

Und bis heute haben die Schotten neben vielen anderen guten Traditionen auch diese erhalten: Sie treffen sich – besonders in der Winterzeit – jeden Abend um neun oder zehn Uhr im Wohnzimmer des Hauses zum »High Tea«. Man läßt gemeinsam noch ein-

mal den Tag an sich vorüberziehen, tauscht Erlebnisse aus und sitzt bei Tee und kleinen Knabbereien noch ein wenig zusammen. Das ist Gemütlichkeit im wahren Sinne des Wortes.

Wenn Sie einmal ohne konkreten Anlaß Freunde zu Besuch haben und nur eine Kleinigkeit zu essen servieren, trotzdem aber den Tisch stilvoll und »anders als sonst« dekorieren wollen, dann greifen Sie doch die gute Tradition der Schotten auf und bitten Sie Ihre Gäste zum »High Tea«, zum schottischen Winterabend.

Kreativ:
Haben Sie einen Holztisch zu Hause, dann lassen Sie jede Tischdecke beiseite. Holz paßt sehr gut zu dieser einfachen, etwas rustikalen Tischdekoration.

Als Tischdecke eignet sich besonders eine im Muster des Schotten-Karo. Dessen Herkunft sind die sogenannten »Tartans«, die Umhänge der Bergschotten in alter Zeit. Es gibt sie ja in unzähligen Ausführungen. Die bei den Tartans traditionellen Farben rot und grün tauchen bei diesem Tisch in vielen weiteren Elementen wieder auf: im Geschirr, in den Kerzen, bei den Servietten und dem Schleifenband.

Bei einem Holztisch kann das typische Karo im Schleifenband erscheinen, das die Servietten ziert. Auch karierte Schleifen um kleine Ilex-Bündel wirken sehr attraktiv.

Ilex bildet zusammen mit roten Äpfeln und vielleicht einigen Tannenzapfen den »Blumenschmuck« auf diesem Tisch. Überhaupt zeichnet sich der Tisch durch seinen natürlichen Charme aus. Künstlicher Glimmer und Glitter haben keinen Platz in dieser Dekoration.

Eine Spezialität, die Sie bei schottischen High Tea's immer wieder antreffen, sind die kandierten Früchte, die hier einfach auf einer Schale in die Tischmitte gestellt werden. Nicht nur zum Anschauen, sondern zum fröhlichen Zugreifen sind sie gedacht!

Tip:
Rot und Grün sind die bekannten traditionellen Farben der Tartans. Vielleicht paßt aber Ihr Service zu Hause eher zu den Farben Gelb oder Blau? Auch damit läßt sich ein schottischer Winterabend dekorieren, denn die wohlhabenderen Highland-Clans im alten Schottland umgaben sich mit Tartans, in denen blaue und gelbe Elemente auf die skandinavischen Ursprünge – die der Wikinger – hinwiesen. Heute sind derart gemusterte Stoffe seltener, aber es gibt sie, und sie sind genauso »ur-schottisch« wie die rot-grünen Karos.

Eine Schlittenpartie

Wie die Menschen bloß darauf gekommen sind? Sie bauen hölzerne Gestelle mit Kufen, mit Eisen beschlagen, ziehen, wenn's geschneit hat, bei Wind und Wetter in die Berge, das Holzgestell auf den Rücken gespannt, stapfen mühsam durch den Schnee den Berg hinauf, atmen oben angekommen kräftig durch, kriegen leuchtende Augen, schwingen sich mehr oder weniger elegant auf das Gefährt und donnern in halsbrecherischem Tempo ins Tal hinunter.

Und warum das Ganze? Es ist ein Riesenspaß! Ob jung oder alt, jeder kann bestimmt von Schlittenpartien erzählen, die trotz aller Strapazen höchstes Vergnügen bescherten, besonders dann, wenn man in ganzen Rudeln zum Rodeln losgezogen ist.

Doch die früh hereinbrechende Dunkelheit, kalte Nasen und frierende Füße treiben die Rodel-Akrobaten bald wieder ins warme Haus zurück, wo Tee, Glühwein und andere Leckereien das Aufwärmen recht angenehm unterstützen.

Wenn Sie die heimkommende Rodelbande einmal mit einem leckeren, winterlichen Essen überraschen wollen, auf einem Tisch serviert, der fast so schön ist, wie der Rodelhang da draußen, nur viel wärmer und gemütlicher – dann kann die Idee für diese Tischdekoration ein Anstoß sein. Holen Sie den Winter auf den Tisch.

Kreativ:
Für eine Winterlandschaft eignet sich natürlich eine weiße, ungemusterte Tischdecke als Unterlage am besten. Sie wird aber nicht einfach auf den Tisch gelegt, denn eine Schlittenpartie im »Flachland« bereitet wenig Vergnügen. Mit einigen Kartons oder kleinen Kissen, die unter der Decke auf der Tischmitte aufgebaut werden, entsteht die Hügellandschaft, die sich als Rodelhang für die Schlitten anbietet.

Der Tisch wird dann mit Hilfe einiger Handvoll Salz von der Mitte aus »schneebedeckt«. Den besten Glitzereffekt erhalten Sie dabei mit »naturbelassenem« Meersalz, aber auch Zucker eignet sich als Schnee-Ersatz.

Einige Tannenbäume, die Sie entweder von der Modelleisenbahn Ihrer Kinder ausgeliehen oder in Fachgeschäften erstanden haben, zieren die Hügellandschaft. Sie sind ebenfalls »verschneit«, diesmal aber mit Puderzucker, der sich besser in den dünnen Zweigen hält.

Das winterliche Treiben veranstalten die kleinen Schlittengespanne, die mit vor- oder nachweihnachtlichen Leckereien gefüllt sind. Zugreifen sei den Gästen erlaubt, aber: erst nach dem Essen!

Als Tischkarten kommen die für die Weihnachtszeit bekannten Päckchenanhänger zum Einsatz, die hier eine Schlittenpartie »anno dazumal« darstellen. Sie werden mit dem jeweiligen Namen der Gäste versehen und auf die Servietten gelegt.

Tip:
Möchten Sie Ihren Gästen eine Menükarte beilegen und haben Sie Lust, einen originellen Menükarten-Halter zu basteln? Aus drei Bällen von »geknülltem« Papier und etwas Gips sowie weiteren Zutaten je nach Phantasie entsteht ein Schneemann, der im Arm später die Menükarte halten wird.

Manche Kindergeburtstage im Winter werden ja zum reinsten Schnee- und Rodelfest. Wenn Sie für Ihre Kinder nach der Schlittenpartie dann zu Hause den Tisch entsprechend dekorieren wollen, geht es genauso gut mit rotem und weißem Pappgeschirr. Die kleinen Schlitten auf dem Tisch sind vollgeladen mit süßen Sachen ganz nach dem Geschmack der Kinder.

Feste mit Freunden

Manche Freunde kommen oft, andere kommen unverhofft. Ob es eine kleine, gemütliche Tischrunde ist oder eine große, fröhliche Party – der gedeckte Tisch steht immer im Mittelpunkt.

Daß die Dekoration des Tisches vielleicht die Überraschung des Abends sein kann, zeigen Ihnen die verschiedenen Tische auf den nächsten Seiten. Gemütlich oder »cool«, besinnlich oder spielerisch, fröhlich oder gediegen. Immer mit einer zündenden Idee.

Hausmusik

Früher gehörte die Hausmusik zur Kultur häuslichen Lebens. Im Bürgertum des vorigen Jahrhunderts, besonders in der ersten Hälfte (die heute vielfach als die Zeit des Biedermeier bezeichnet wird), traf man sich mit Gleichgesinnten, um in einer ungezwungenen Atmosphäre seiner Musizierfreude nachzugehen.

die Servietten damit verzieren beziehungsweise halten.

Für die Menükarte sollten Sie die Menüabfolge in ein Notenblatt hineinkopieren und dieses zusammen mit anderen Noten auf einen Notenständer stellen. Sie können das »Menü-Notenblatt« auch rollen, mit einem Schleifen-

Auch wenn es vielleicht aus der Mode gekommen ist: Laden Sie doch als Musikliebhaber einmal Ihre Freunde zu einem kleinen Hauskonzert ein. Schön wäre es, wenn jeder Gast einen musikalischen Beitrag liefert oder man gemeinsam etwas spielt oder singt. Natürlich lassen sich auch Kammerensembles engagieren, die mit ihren musikalischen Beiträgen Höhepunkte des Zusammenseins schaffen.

Kreativ:
Verwenden Sie für diesen Tisch einfaches Zubehör aus der Musik, wie zum Beispiel Notenblätter und Instrumente, die Sie auf dem Tisch auslegen.

Stimmgabeln dienen hier als Serviettenhalter. Alternativ können Sie auch aus Zinndraht Notenschlüssel biegen und

band versehen und neben dem Gedeck auf den Tisch legen. Übrigens ist es gar nicht schwer, diesen Notenblättern ein »altes« Aussehen zu verleihen, indem man sie mit Tee-getränkten Wattebauschen betupft, bis sie sich etwas braun verfärben, zum Trocknen aufhängt und danach etwas glattstreicht.

Die Büste eines Musikers, den Sie vielleicht verehren, kann in der Mitte des Tisches aufgestellt werden. Setzen Sie einen nostalgischen Kerzenleuchter ein, der mit grünem Blattwerk versehen dem Tisch Frische gibt. Nehmen Sie hierzu große Blätter und einzelne Gräser, die Sie, in »Moosi« gesteckt, kreisförmig um den Leuchter anordnen. Solche »Moosi« gibt es beim Floristen.

A. SCARLATTI
QUARTETTINO
Menue
Lachs-Teller

Wenn Sie kein Freund von Spitzendecken, Tüll, Silberleuchtern und Schleifenbändern sind, sondern eher klares und kühles Design bevorzugen, sollten Sie diesen (Ihren) Stil auch ruhig auf dem Tisch deutlich zum Ausdruck bringen. »Keep Cool« fordert Ihre Kreativität heraus, ob nun, wie hier im Bild, mit Reststücken aus Metall oder mit anderen Materialien, die Ihrem Stil entsprechen.

Kreativ:
Eine alte Eisenplatte dient bei dieser Dekoration als Tisch. Solche Platten können Sie sicherlich bei einem Schlosser ausleihen – oder Sie schauen einmal im Keller, ob dort eine brauchbare Platte leicht vor sich hin rostet. Falls Ihnen diese Variante zu aufwendig oder zu »gewichtig« ist, erfüllt auch eine kleine Stahl- oder Lochblechplatte, in die Mitte des Tisches gelegt, ihren Zweck.

Kleine verstreute Lichtpunkte liefert eine einfache Lichterkette aus der Weihnachtszeit, die Sie kreuz und quer auf dem Tisch auslegen, wie es Ihnen gerade in den Sinn kommt.

Verteilen Sie dann Stahl- oder Aluspäne so über den Tisch, daß sie das Tischgeschehen prägen und möglicherweise die Kabel der Lichterkette verbergen. Diese Späne sind Abfall aus der Schlosserei oder Dreherei. Den für diesen Tisch notwendigen 2–3 Kilo Spanabfall gibt Ihnen der Schlosser vielleicht sogar kostenlos mit – zumal Sie wahrscheinlich froh sind, die Späne nach dem Einsatz wieder dorthin zurückbringen zu können. Aber auch jede Schrottverwertung oder die Sperrmüll-Abfuhr sind gute Adressen.

Vorsicht: Stahlspäne sind scharfkantig, so daß man sie mit Umsicht dekorieren sollte, und sie gehören nicht in die Mülltonne.

Serviettenringe lassen sich ebenso aus kleinen Spänen biegen – eine für Ihre Gäste sicher ungewöhnliche Variante. Die Alternative ist der Einsatz von verzinktem Kupferdraht oder dickem Lötzinn, mit dem die gerollte Serviette Ihrer Phantasie entsprechend umwickelt ist.

Falls Sie den Stahlauftritt in der Tischdekoration konsequent fortsetzen wollen, sind Blumenschale und Tablett ohne viel Zeitaufwand schnell selbst hergestellt. Dazu brauchen Sie zwei preiswerte Edelstahlplatten aus dem Baumarkt (0,5 mm Plattenstärke, etwa 33 x 33 cm Kantenlänge), die Sie mit den Händen in die gewünschte Form biegen können. Beim Tablett werden asymmetrisch die vier Ecken hochgebogen, bei der Blumenschale zwei diagonal gegenüberliegende Ecken mit leichter Parallelverschiebung zueinandergebogen, so daß eine offene Röhre entsteht.

Tip:
Servieren Sie einen »coolen Drink« als Aperitif – passend zur Tischdekoration. Den besonderen Effekt erreichen Sie, wenn Sie die leeren Gläser mit kaltem Wasser abspülen und ins Gefrierfach stellen. Die geeisten Gläser kommen durch »knallige« Cocktails wie Blue Curaçao oder Campari besonders gut zur Geltung!

Bella Italia

Ferien in Italien – Sie haben es gerade hinter sich oder der Urlaub liegt noch vor Ihnen. Oder Sie sind einfach nur Liebhaber der italienischen Lebensart, lässig und gesellig, fröhlich und bunt. Entsprechend schätzen Sie die italienische Küche, die viel mehr ist als Pizza und Pasta: Dort kommen die typischen »Antipasti« und vielfältige mediterrane Köstlichkeiten auf den Tisch, als Abschluß »Formaggio« und dazu herrliche Rotweine.

Treffen Sie sich mit Ihren Freunden doch einmal zum »Bella Italia«-Abend, und gestalten Sie den Tisch entsprechend südländisch. Was bestimmt nicht fehlen darf: »pomodori«, »vino rosso« und natürlich Spaghetti!

Kreativ:
Bringen Sie die Farben Italiens ins Spiel, indem Sie drei Stoffbahnen so über den Tisch legen, daß sie wie die italienische Flagge wirken. Auch die Servietten sollten Sie in diesen drei Farben auslegen, am besten jeweils im Kontrast zum Untergrund (also zum Beispiel grün auf weiß und rot auf grün).

Tomaten, Basilikum und verschiedene Pasta-Sorten können dann dekorativ auf dem Tisch verteilt werden. Wichtig ist, daß Sie nicht sparsam mit der Dekoration umgehen. Nehmen Sie ruhig eine Handvoll Tomaten und Penne-Nudeln und verstreuen Sie beides über den Tisch. Spaghetti und Maccheroni lassen sich leicht als »Nudel-Mikado« aufstellen und mit einem »Italien«-Band zusammenhalten.

Schon die Einladung an die Gäste kann darauf hinweisen, was sie bei Ihnen erwartet: kleine selbstgefertigte Nudelpäckchen, mit Bändern in den Farben Italiens verschnürt und mit einem Einladungkärtchen versehen, sind leicht herzustellen, trotzdem originell und regen vielleicht bereits den Appetit an.

Tip:
Sie können Ihren Gästen auch einen kleinen Italien-Reiseführer oder einen Speiseführer durch die italienische Küche auf's Gedeck legen – als Aufmerksamkeit und Geschenk für zu Hause. Darüber hinaus läßt sich der Speiseführer an diesem Abend gut als Menükarte nutzen.

Sind Sie eher ein Freund der französischen Küche? Wohlan, Ihre Phantasie wird Sie sicher auf Ideen für die Gestaltung eines »Savoir vivre«-Tisches bringen. Und die Farben der Tricolore sind Ihnen bestimmt auch geläufig.

CORONA

Der Sage zufolge gingen die alten Griechen davon aus, daß Rosen nicht mit anderen Blumen und Pflanzen gleichzusetzen wären, weil sie zusammen mit der Liebesgöttin Aphrodite auf die Welt gekommen seien. Damit waren Aphrodite und die Rosen gleichsam Ursymbole für die Liebe zwischen den Menschen.

Auf diesem Tisch finden die beiden wieder zusammen, Aphrodite – hier als kleine Marmorbüste – und Rosenblüten.

In Ihrer persönlichen Situation kann natürlich auch eine Erinnerung an gemeinsam Erlebtes oder irgendeine andere Aufmerksamkeit dazu dienen, daß der Tisch nicht einfach nur schön gedeckt ist, sondern auch etwas Persönliches zeigt.

Kreativ:
Setzen Sie Ihren Tisch stimmungsvoll in Szene, aber ohne ihn mit Dekorationselementen zu überladen. Ein zentraler Kerzenleuchter, dessen Kerzen genügend Licht spenden, könnte den Mittelpunkt bilden. Feines Porzellan und stilvolle Gläser, dazu Teile aus Silber geben dem Tisch gerade bei Kerzenschein eine sehr edle Erscheinung.

Das bei dieser Dekoration eingesetzte Geschirr mit seinem filigranen, sehr aufwendigen Dekor – es stilisiert die Gärten von Versailles – verleiht dem

Ganzen noch zusätzlich einen romantischen Charakter. Aber auch Ihr Geschirr zu Hause, das vielleicht weniger aufwendig dekoriert oder ganz weiß ist, kommt viel festlicher zur Geltung, wenn Sie jeweils versilberte Platzteller darunter eindecken. Solche Platzteller sind, falls Sie nicht bereits einige davon besitzen, in jedem Fall eine lohnende Investition. Und ein Privileg der feinen Hotels und Restaurants sind sie schon lange nicht mehr!

Rosenblüten sollten Sie in der Farbe entweder passend zum Farbton der Tischwäsche und des Geschirrs oder eben bewußt als farblichen Kontrast auswählen. Erst kurz vorher vom Stiel trennen und auf dem Tisch auslegen.

Die oben beschriebenen »Liebesgrüße« können natürlich beliebig durch weitere Aufmerksamkeiten oder kleine Geschenke – dekorativ verpackt – ergänzt werden. Oft dienen solche Geschenke beim Auspacken als Aufhänger für anregende und herzliche Gespräche.

Tip:
Achten Sie bei der Vorbereitung des Essens darauf, daß Sie während der Mahlzeit möglichst wenig aufstehen und in der Küche arbeiten müssen. Was nützt der schönste Zweiertisch, wenn Ihr Gast immer wieder lange allein davorsitzt und nicht recht weiß, ob Ihnen vielleicht in der Küche geholfen oder Gesellschaft geleistet werden kann.

Ob Sie auf den Spuren von Don Quijote und Velàzquez wandeln oder einfach nur entspannte Tage unter der warmen Sonne Spaniens genießen – auch unterwegs in anderen Ländern kann es sehr reizvoll sein, in kleinem Rahmen Gastgeber zu sein.

Da lassen sich heimische Spezialitäten, exotische Blumen und Blätter mit einfachen Mitteln zu ungewöhnlichen Arrangements kombinieren. Das, was Sie an Lebensart und kulinarischen Eigenarten in Ihrer Urlaubsumgebung beobachten, kann sich in Ihrer Dekoration wiederfinden.

Kreativ:
Der Tisch besticht durch die Einfachheit, durch die Ausstrahlung ohne aufwendiges Material, durch den Charme des Mittelmeeres in den vollen Farben der Blüten, umgeben von schlichten weißen Elementen. So werden zum Beispiel die Servietten lediglich durch einen Streifen von Palmenblättern zusammengehalten.

Die Farbe erhält der Tisch von der Bougainvillea. Diese Bougainvillea-Blüten sieht man überall am Wegesrand. Sie sind hier auf Blättern von Bananenstauden ausgelegt, die sich hervorragend als »Untersetzer« in der Tischmitte eignen. Bananenblätter findet man nicht so häufig wie die Bougainvillea, doch als eventuelle Alternative gibt es eine Reihe von anderen großen Blättern, die als Unterlage ebenso dekorativ und nützlich sind.

Tapas sind die typischen spanischen Delikatessen, die als Vorspeisen oder als »Knabberei« zum Wein gereicht werden. Traditionell wurden sie auf eine Untertasse zum Weinglas gelegt, heute findet man sie oft in Schalen auf dem Tisch, so daß jeder nach Lust und Laune zugreifen kann. Je nach Auswahl und Appetit kann man von diesen Leckereien sogar satt werden. Hier auf dem Tisch sind solche Tapas-Schalen in die Tischmitte gestellt.

Wenn Sie den Tisch zu Beginn des Abends nicht allzusehr mit den Tapas-Schalen auffüllen wollen, können Sie ja mit zwei, drei Köstlichkeiten beginnen und im Laufe des Abends die Schalen nach Bedarf austauschen.

Umzugsbrunch

Der Anlaß ist Ihnen bestimmt aus eigener Erfahrung geläufig: Bei Ihrem Umzug in eine neue Bleibe standen Ihnen tatkräftige Helfer zur Seite, denen Sie als Dank etwas Gutes tun wollten. Oder Sie haben so viele Neugierige in Ihrem Bekanntenkreis, die unbedingt das neue Heim begutachten wollen, daß Ihnen nur die Wahl bleibt, mit diesen »Gutachtern« inmitten von Umzugskartons und Teppichrollen die erste »Housewarming-Party« zu feiern.

Dabei legt die Situation eigentlich alles andere nahe, als sich im Durcheinander von Kisten und Regalbrettern, von Bildern und Kleidersäcken zu einem gemeinsamen Brunch niederzulassen. Das provisorische »Hier und Da«, die ständige Suche nach verirrten Sachen, stapelweise Kartons, die ja doch meistens im Weg stehen – solch turbulente Zeiten laden nicht gerade ein, mittendrin anzuhalten, um mit Sekt und Muße dem Magen und der Seele etwas Gutes zu tun.

Und es funktioniert doch! Mit der gehörigen Portion Mut zum Provisorischen und einem Schuß Spontaneität, die Sie dann auch von Ihren Gästen erwarten sollten, läßt sich ein solches Umzugsbrunch leicht in die Kategorie »Erlebnisgastronomie« einordnen. Das Gute daran ist, daß man keine perfekte Inszenierung von Ihnen erwartet. Die lockere Zusammenstellung all dessen, was zum Frühstück (breakfast), zum Mittagessen (lunch) oder auch zur Kaffeezeit schmeckt, das liebevoll unvollkommene Arrangement macht das Ganze so sympathisch für Ihre Gäste.

Kreativ:
Die sicher reichlich vorhandenen Umzugskartons dienen hier als Tische, als Hocker, als Buffetfläche, als Blumenbank und zu weiteren Zwecken Ihrer Wahl.

Da die Tischwäsche meist gut verpackt in irgendeinem Karton verstaut ist, eignen sich Bettlaken als Tischdecken-Ersatz genauso gut. Das erspart Ihnen die Suche und die aufwendige Reinigung hinterher, denn bei einem solchen Brunch kommt keine Tischwäsche ohne Blessuren davon.

Kleine Möbel aus dem Puppenhaus, die Sie in Spielzeugläden kaufen können, sind hier in Seidenpapier eingepackt und dienen als kleine Dekorationselemente für dieses Umzugsbuffet. Für die Helfer sind sie sympathische Erinnerungsstücke an die geleistete (oder noch zu leistende) Arbeit.

Auch die Einladung zu einem solchen Fest ist mit begrenztem Aufwand selber herzustellen. Aus Tonpapier sowie aus Packpapier werden Karten und Hüllen geschnitten oder gefaltet, die das Aussehen von Umzugskartons haben. Die Beschriftung kann mit dem Kopierer oder auch mit einem Stift per Hand erfolgen.

Tip:
Die Buffetfläche muß nicht in einer Ebene mit den Ausmaßen eines Tapeziertisches gestaltet werden. Da kann es unterschiedliche Ebenen geben, manches steht auf dem Boden, anderes oben aus einem Stapel von Kisten, wieder anderes auf einem Podest dazwischen. Bauen Sie ruhig eine Buffet-Landschaft auf – das wirkt spannender und wird dem Anlaß eher gerecht.

Nach der Oper

Das Finale der Oper ist mitreißend, »fortissimo« im Orchester, alle Akteure sind auf der Bühne versammelt. Dann fällt der Vorhang, anhaltender Applaus: Der Abend in der Oper war wiedermal ein Erlebnis, aber leider – wie so oft – viel zu früh vorbei.

Das können Sie ändern: Gestalten Sie selber den letzten Akt, und greifen Sie das Thema der Oper bei einer Tischgestaltung wieder auf. Laden Sie Ihre Freunde zum Abschluß des Abends zu einem kleinen kulinarischen Genuß ein. Ihr Bühnenbild ist der Tisch, gestaltet mit Elementen oder Requisiten aus der Welt der Oper. Hier führen Sie Regie, das ist Ihre Inszenierung, Vorhang auf für den »Tisch nach der Oper«.

Kreativ:
Ein altes, leuchtend rotes Samttuch sorgt als locker über den Tisch geworfene Tischdecke für den festlichen Rahmen Ihrer Tischdekoration. Feines Porzellan auf silbernen Platztellern, filigrane Gläser und Orchideen als Blumenschmuck unterstreichen den Charakter des Tisches.

Die Verbindung zum vorangegangenen Opern-Erlebnis schaffen die auf dem Tisch ausgelegten Requisiten aus der Theaterwelt: Stuckelemente von Bühnenbildern, Kronen, Masken, Handschuhe, dazu noch Operngläser sowie die Programme des Abends. Manche solcher Dinge hält vielleicht Ihre Schatzkiste für die Faschingszeit bereit, anderes können Sie in den Requisitenkammern der Theater gegen geringe Gebühr ausleihen.

Als Platzkarten für Ihre Gäste bieten sich hier die bekannten Masken aus den vorigen Jahrhunderten an. Die Namen Ihrer Gäste können Sie mit einem Silberstift darauf schreiben – falls es nicht gerade eine echte, alte Maske, sondern eine preiswerte Karnevalsmaske aus unserer Zeit ist. Diese Tischkarten sind besonders effektvoll, und Sie werden sehen, wie schnell einer Ihrer Gäste eine solche Maske zur allgemeinen Erheiterung auf der Nase hat. Lassen Sie die Schauspieler gewähren. Der Tisch ist die Bühne des Abends.

Tip:
Wenn Sie die Musik aus der vorher erlebten Oper auf CD oder Schallplatte besitzen, ist es sicherlich eine gute Idee, die Fortsetzung des gemeinsamen Opernbesuchs mit der noch im Ohr klingenden Musik zu unterstreichen.

Wie im Spielcasino

Als Freund von Gesellschaftsspielen sind Ihnen Fuchs oder Dame kein Jägerlatein, Sie finden Reizen so reizvoll wie Halmasprünge, »Schach« macht Sie noch lange nicht matt. Vielleicht treffen Sie sich ja sogar regelmäßig mit Freunden zum Doppelkopf, Skat oder Bridge.

Verwandeln Sie Ihr Zuhause in ein individuelles »Spielcasino« und überraschen Sie Ihre Gäste mit einer Tischdekoration, die alle bereits beim vorab gereichten Imbiß auf das nachträgliche Gesellschaftsspiel am selben Tisch einstimmt.

Kreativ:
Verwenden Sie als Sets die bekannten Spielbretter aus Ihrer Spielesammlung. Falls Sie unterschiedliche Platten einsetzen, sollten Sie darauf achten, daß die Wirkung der Tischdekoration durch sonstige Requisiten nicht zu unruhig wird. In diesem Falle ist es gut, nur eine Sorte Spielsteine zur Dekoration auszulegen.

Je nach Vorliebe für eine Art Gesellschaftsspiel legen Sie Spielsteine, Würfel oder Spielkarten in lockerer Form auf dem Tisch aus. Mit Karten lassen sich auch sehr dekorative Kartenhäuser auf dem Tisch errichten, die Ihre Gäste gleich anregen, sich selbst darin zu versuchen.

Skrabbel-Buchstaben dienen hier als folgerichtiger Ersatz für die Tischkarten, quasi als Platzanweiser für Ihre »Spielgefährten«.

Ein auf die Dekoration farblich abgestimmter Serviettenring ist schnell aus zwei Tonpapierstreifen gefertigt. Die Streifen sind etwa 60 cm lang und 2 cm breit. Wenn Sie die Streifenenden im rechten Winkel aufeinanderlegen und sie dann abwechselnd zueinander falten, erhalten Sie die Ziehharmonika, wie sie im Bild zu erkennen ist. Mit dem Verkleben aller vier Streifenenden ergibt sich ein Ring, den Sie dann über die gerollte Serviette streifen können.

Aus berühmten Filmen sind rote Nelken oder rote Rosen als klassischer Blumenschmuck in einschlägigen Spielcasinos bekannt. Tun Sie es den großen Vorbildern nach, und legen Sie einfach einige dieser Blüten auf dem dekorierten Tisch aus. Ein bunter Blumenstrauß wäre jedenfalls für Humphrey Bogart & Co., sofern sie Ihre Gäste wären, keine Erheiterung.

Tip:
Falls Sie nicht genügend Spielbretter auftreiben können, wirkt der Einsatz von Dominosteinen in der Form einer Gedeckumrandung ebenso dekorativ.

ARMIN
UTE

Schnell dekorierte Tische

Wenn's schnell gehen muß und die Blumen fehlen, aber die Geschäfte bereits geschlossen sind. Wenn es mal etwas anderes sein soll oder wenn Unscheinbares zu Ehren kommen könnte.

Wenn Sie Ihre Gäste mit Unerwartetem überraschen wollen, dann finden Sie hier einige Ideen für unkonventionelle Tischdekorationen, die schnell gestaltet sind und wenig kosten.

Ihre Phantasie ist gefragt!

Wandlung eines Leuchters

Manche vier- oder fünfarmigen Kerzenleuchter haben schon viel zu viel hinter sich, als daß sie noch eine Augenweide für den fein gedeckten Tisch wären. Andere Leuchter stehen wie verloren auf dem Tisch, ragen viel zu hoch aus all dem anderen heraus und verlieren den Bezug zum Gedeck oder zum danebenstehenden Blumenschmuck. Das läßt sich mit wenig Aufwand ändern und bringt auch vermeintlich undekorative Leuchter wieder zu Einsatz und Ehren.

Kreativ:
Geben Sie Ihrem Kerzenleuchter ein üppig-grünes und blumiges Gewand. Nutzen Sie ihn als Gerüst und wickeln Sie Efeu-Ranken darum, in die Sie Glockenblumen und Frauenmantel stecken. Um dem ganzen Gebinde den notwendigen Halt zu geben, können Sie dünnen Blumendraht mit einwickeln.

Die so gestaltete Tischmitte kann ein Abbild der Jahreszeit sein. Im Frühling mit jungem Grün und frühblühenden Blumen, im Herbst mit farbigem Laub und Getreideähren, im Winter zu Weihnachten mit Buchsbaum und eingesteckten Weihnachtskugeln. Ihrer Phantasie sind keine Grenzen gesetzt.

Tip:
Sie sollten allerdings darauf achten, daß das Leuchter-Arrangement nicht derart voluminös ausfällt, daß sich die gegenübersitzenden Gäste während des Essens wegen versperrter Sicht leider nicht kennenlernen konnten.

Rosenzauber

Wenn Sie den Hauch von Romantik lieben und gerne Rosen besonders geltungsvoll auf den Tisch bringen möchten, lassen Sie doch einmal die obligatorische Vase im Schrank und arrangieren Sie die bunte Blütenvielfalt anders. Denn so ein Blütenmeer ist reizvoll für's Auge, zudem ein duftendes Vergnügen und macht obendrein auch Spaß beim Vorbereiten und Gestalten.

Kreativ:
Eine große Glasschale wird hier mit Wasser gefüllt. Rosen, einzelne Rosenblätter und dazwischen Schwimmkerzen zieren die Wasseroberfläche. Einige Blütenblätter, die Sie wahllos auf dem Tisch auslegen, ergänzen den Eindruck der Blumenschale und lassen diese nicht so steril in der Mitte stehen.

Auch wenn sich wilde (Freiland-)Rosen für dieses Arrangement am besten eignen, können Sie selbstverständlich andere Blüten ebenso verwenden. So sollten Sie auch mit Blick auf die Umgebung der Blumenschale entscheiden, ob Sie lieber kräftige Farben oder eher Pastelltöne einsetzen wollen.

Tip:
Der blumige und duftende Charakter dieser Rosenblüten-Tischdekoration läßt sich noch verstärken: Ein paar Tropfen von aromatischem Rosen-Öl, auf die Blüten geträufelt, unterstützt die Duftwirkung erheblich. Ihre Gäste werden es mit Augen und Nase zugleich wahrnehmen und überrascht sein.

Noch vor wenigen Jahren galten dekorative Stoffbänder in der Breite und Qualität wie auf diesem Tisch als teuer – und damit den eher aufwendigen, professionellen Dekorationen vorbehalten.

Das hat sich geändert. Heute gibt es Bänder in vielen Größen, Stoffqualitäten, Mustern und Farbschattierungen in Geschäften, die Dekorationsmittel anbieten, zu erschwinglichen Preisen zu kaufen.

Kreativ:
Achten Sie beim Einkauf Ihrer Dekorationsbänder auf die Übereinstimmung von Farbe und Form des Materials mit der Tischdecke, dem Geschirr und den sonstigen Requisiten. Wenn sich alles in farblicher Harmonie gegenseitig ergänzt oder bewußt in farblichem Kontrast zueinander steht, ist das meiste für die Dekoration bereits gewonnen.

Legen Sie das Band der Länge nach in die Mitte des Tisches. Es wird an beiden Seiten durch separat gefertigte Schleifen desselben Bandes ergänzt, die einfach durch Sicherheitsnadeln oder Stecknadeln mit der Tischdecke und dem Band fest verbunden werden.

Große Blüten, in grüne Blätter und Gräser eingefaßt – hier sind es Pfingstrosen, es lassen sich aber auch Hortensien, Rosen, Gerbera oder andere Blüten einsetzen –, beleben als Farbtupfer das Arrangement.

Tip:
Planen Sie so, daß Sie kurz vor Eintreffen Ihrer Gäste noch Zeit haben, die bis dahin im Wasser stehenden Sträußchen auf dem Tisch auszulegen oder in den Schleifen zu befestigen. Besser noch: Sie nutzen die kleinen Wasserröhrchen, die Sie bei Ihrem Floristen kaufen können. So haben Sie Zeit für Ihre Gäste, und die Tischdekoration bleibt »frisch«, auch wenn zuvor der Aperitif im Stehen gereicht wird.

»Ach, wie entzückend!« würden Ihre Gäste vielleicht beim Anblick dieses Tisches sagen – und damit indirekt zum Ausdruck bringen, daß der Anblick einer kleinen Entenfamilie auf einem stillen Weiher schöne und entspannende Momente hervorrufen kann. Und genau das wollen und können Sie Ihren Gästen bei dieser Tischgesellschaft ebenfalls anbieten.

Kreativ:
Sie brauchen nicht Ihren Spiegel von der Garderobe abzuhängen, um diese Dekorationsidee umzusetzen. Denn inzwischen findet man Spiegel und Spiegelfliesen in allen Größen und Formen in Baumärkten und Bastelgeschäften.

Und Enten sind seit einiger Zeit weit verbreitet zum beliebten Sammelobjekt geworden. Wenn Sie also keine Enten besitzen – in vielen Geschäften, die neben Möbeln oder Blumen auch Accessoires anbieten, gibt es solche Holzenten zu kaufen, die sich hervorragend für die kleine Teichidylle eignen.

Umrahmen Sie den »Teich« mit einigen grünen Blättern und Gräsern, die sich als Ufergrün gut in die Idylle einpassen.

Tip:
Wenige Teelichte, auf dem Spiegel ausgelegt, ergeben mit dem reflektierenden Licht einen besonders schönen Effekt.

Bei Ihrer Suche nach den Holzenten stoßen Sie vielleicht auch auf kleine, als Messerbänkchen geformte Enten. Wenn jeder Gast das an seinem Platz vorfindet und hinterher als kleines Erinnerungsstück mitnehmen kann, hat er nicht nur gut gegessen, sondern auch insgesamt einen guten Eindruck.

Stein an Stein

Kennen Sie die herrlichen Steinufer in den Fjorden Skandinaviens oder die wunderschön geformten Marmorsteine an den Stränden der Ägäis? Sind Sie schon einmal an den Steinstränden der Ostsee geschlendert, den Blick gebannt auf den Boden gerichtet, bis die Fundstücke die Jackentaschen ausgebeult haben? Dann wissen Sie sicherlich etwas vom Zauber dieser vom Wasser so gleichmäßig geformten Steine. Solche Steine laden ein, sie anzuschauen, sie in die Hand zu nehmen und die glatte Oberfläche zu ertasten.

Hier kommt Ihre Steinsammlung nun als unkomplizierte und doch unkonventionelle Tischdekoration zum Einsatz.

Kreativ:
Gruppieren Sie zwei, drei Dutzend dieser Steine, die Sie gesammelt (oder sogar im Baustoffhandel erworben) haben, in der Tischmitte zu einer »Steinlandschaft«. Deren Kargheit wird belebt durch Hibiskusblüten, die Sie entweder in kleine Wasserröhrchen (beim Floristen erhältlich) stecken oder aber kurz vor Beginn des Abends frisch zwischen die Steine plazieren. Je nach Wunsch eignen sich dazu natürlich auch andere Blütenblätter wie Gerbera, Hortensien, Lilien oder Margeriten.

Tip:
Wenn Sie Kerzen einsetzen wollen, lassen sich mit einigen Teelichten zwischen den Steinen und Blüten interessante Licht/Schatten-Effekte erzielen.

Ein Hauch von Tüll

Der klassische Blumenstrauß ist in den meisten Fällen noch immer der Mittelpunkt jeder Tischdekoration. Trotzdem: ein wenig Stil-Empfinden genügt, um festzustellen, daß es nicht ausreicht, Schnittblumen irgendwie auf den Tisch zu stellen. Schöne, geschmackvolle Blumensträuße sind kleine, leider vergängliche Kunstwerke, die die gesamte Tischgestaltung entscheidend prägen und einen wohltuenden Eindruck bei den Gästen hinterlassen werden.

Kreativ:
Wählen Sie bei Ihrem Floristen ganz bewußt einen Blumenstrauß aus, der in Form und Farben harmonisch auf das Geschirr abgestimmt ist, so daß beides gut zueinander paßt, aber in klarem Kontrast zur unterlegten Tischdecke steht. Bei dunklem Untergrund kommen zum Beispiel die hellen Pastellfarben der Blüten so recht zur Entfaltung.

Ergänzt wird die Wirkung durch den Einsatz von farbig abgestimmtem Tüllstoff, der um die Vase drapiert wird, so daß ein zusammenhängendes Arrangement entsteht.

Schleifenbänder aus Tüll, um die gerollten Stoffservietten gebunden, bringen noch zusätzliche Farbtupfer auf den Tisch, die die einheitliche Gestaltung sehr gut abrunden.

Elefantenried oder grüne Bambusstäbe gehören sicherlich zu den selten verwendeten Materialien für die Tischdekoration zu Hause. Zu Unrecht – weil sie sich gut für eine schnelle und effektvolle Tischgestaltung eignen und weil sie durch ihre klaren Linien für einen ungewöhnlichen und markanten Mittelpunkt sorgen.
Kaufen können Sie Elefantenried und Bambus bei vielen Floristen.

Kreativ:
Gestalten Sie aus Elefantenried oder aus dünnen, grünen Bambusstäben ein einfaches Geflecht auf der Mitte des Tisches, indem Sie an verschiedenen Stellen die Stäbe mit feinem Messingdraht zusammenbinden.
Einige umwickelte Bündel von Riedstäben werden unter das Geflecht gelegt und geben damit dem Ganzen noch mehr Form: Das Flechtwerk schwebt leicht über dem Tisch und wirft je nach Beleuchtung interessante Schatten auf die darunterliegende Decke.
Abschließend legen oder stecken Sie auf das Geflecht kleine Sträuße von Wiesenblumen und Gräsern. Im Bild sind es Kornblumen und Frauenmantel. Je nach Anlaß und dem Angebot an Blumen bei Ihrem Floristen können Sie aus dem Ganzen auch eine exotische Dekoration entstehen lassen, indem Sie zum Beispiel Feigen, andere exotische Früchte und entsprechende Blüten auf dem Geflecht arrangieren.

Tip:
Wenn Sie das Flechtwerk sehr stabil gestalten und gut mit dem Messingdraht umwickeln, könnten Sie es sogar als Tablett für kleine Schüsseln und Schalen nutzen.

Wirsing vom Feinsten

Mit Gemüse statt mit Blumen dekorieren – bei manchen erzeugt diese Vorstellung eher ein leichtes Naserümpfen. Oder hätten Sie sich bei der Zusammenstellung von Wirsingkohl, Trauben, Kastanien und Äpfeln vorstellen können, daß Sie damit eine schnelle und dazu preiswerte Alternative zu einem üppigen Blumenbukett auf den Tisch zaubern können? Noch dazu eine Dekoration, die Ihren Gästen bestimmt ins Auge fällt, weil Wirsing nicht alle Tage in dieser Form auf den Tisch kommt?

Kreativ:
Die Zutaten zu dieser Dekoration kosten nur wenige Mark und sind teilweise sogar noch nach dem Einsatz mit Genuß zu verzehren: Äpfel, Trauben und Kohl vom Markt, Kastanien und Efeu aus dem Wald, das Bärgras aus dem Blumenladen. Dazu brauchen Sie noch einen einfachen Drahtkorb und etwas dünnen Draht.

Hier im Bild werden der Wirsingkohl, die Trauben, Kastanien und Äpfel einfach um einen verzinkten Drahtkorb arrangiert. Bärgras wird zu kleinen Nestern zusammengeflochten und mit dem dünnen (grünen) Draht umwickelt. Dahinein kommen die Äpfel – als Farbtupfer in der grünen Kohllandschaft.

Der Rest der Dekoration ist nur noch eine Sache Ihrer Phantasie. Lassen Sie Ihrer Kreativität freien Lauf!

Tip:
Die Schale der Äpfel bekommt einen besonderen Glanz, wenn sie mit etwas Fett eingerieben und anschließend mit einem Tuch poliert wird.

Seerosen

Seerosen sprechen für sich – in ihrer unverwechselbaren Erscheinung und Anziehungskraft eignen sie sich vorzüglich als Dekoration Ihrer Tische. Lassen Sie diese zauberhaften Blüten aber als Mittelpunkt Ihrer Tischgestaltung voll zur Geltung kommen, konzentrieren Sie Ihren Tischschmuck ganz darauf, und verzichten Sie auf jede aufwendige Zusatzdekoration.

Kreativ:
Legen Sie die Seerosen in eine größere, wassergefüllte Glasschale, die Sie vorher mit weißen Steinen ausgelegt haben. Um die Schale herum verteilen Sie einige Steine, die einen besonderen Reiz ausstrahlen, wenn sie mit Goldfarbe besprüht sind.

Den Eindruck dieses Arrangements in der Tischmitte nehmen Sie bei den Gedecken noch einmal auf, indem Sie die Servietten in große grüne Blätter legen und das Ganze mit einer goldenen Kordel zusammenbinden.

Tip:
Halten Sie den Tisch frei! Das, was es zu trinken und zu essen gibt, kann herumgereicht und dann auf einem kleinen Nebentisch abgestellt werden. So erhält Ihr Tisch auch während des Essens den wohltuend klaren und ruhigen Eindruck. Ihre Gäste werden es spüren.

Glasperlenspiel

Es geht auch ohne Blumen! Bevor irgendein Alpenveilchen oder eine halbverblühte Azalee vom Fensterbrett genommen wird, um den Tisch zu »dekorieren«, verzichten Sie lieber ganz darauf und schicken andere Schönheiten an den Start. Zum Beispiel Kerzen.

Oft wird ja ganz zum Schluß noch schnell eine Kerze auf den gedeckten Tisch gestellt, damit es ein wenig feierlicher wirkt – hier sind die Kerzen das erste, was auf den Tisch kommt. Sie bilden den Mittelpunkt, alles andere gruppiert sich um sie herum.

Kreativ:
Sicher haben Sie in Ihrem Hause die unterschiedlichsten Kerzenleuchter. Wagen Sie sich doch in das Vergnügen, diese Leuchter zu einer Tischdekoration zusammenzustellen, die als bewußtes, einheitliches Arrangement auf Ihre Gäste wirkt. Verwenden Sie dazu Kerzenleuchter aus jeweils gleichem Material, entweder aus Silber, Porzellan, Messing oder Holz oder wie hier aus Glas.

Ebenso effektvoll sind klare Kontraste, indem Sie Leuchter aus unterschiedlichen Materialien bewußt kombinieren. Erlaubt ist dabei, was gefällt!

Glasperlen, die man heute in allen Farben und Größen sehr preiswert kaufen kann, umspielen hier das Kerzenarrangement. Natürlich lassen sich auch kleine Kugeln aus anderen Materialien (Porzellan, Holz oder Messing) zu den entsprechenden Kerzenleuchtern einsetzen.

Tip:
Die Gruppe der Kerzenleuchter wirkt am besten, wenn sie ungestört und nicht durch Schüsseln und Flaschen bedrängt in der Tischmitte stehen darf. Halten Sie mit dem, was sonst noch auf den Tisch kommt, genügend Abstand zu Ihrer »Leuchtergruppe«.

Bänder-Stern

Unerwartete Gäste, die erst kurz vorher ihren Spontanbesuch ankündigen, lösen bei aller Freude über das bevorstehende Wiedersehen beim Gastgeber ebenso unerwartete Betriebsamkeit, vielleicht sogar Hektik aus. Da soll die Kaffeetafel schön gedeckt, die Wohnung einigermaßen im Lot und in der Kürze etwas Kuchen oder Gebäck vorbereitet sein.

Wenn in einer solchen Situation der Tisch nicht nur einfach gedeckt, sondern ein wenig aufwendiger gestaltet sein soll, ist es gut, Gestaltungselemente einzusetzen, die im Handumdrehen zu beschaffen sind und die dennoch Ihre persönliche Note dokumentieren.

Dieser Tisch nutzt solche Dinge, die man ohne weiteres im Schrank lagern oder aber schnell aus dem Garten oder vom nächsten Busch herbeiholen kann.

Kreativ:
Dekorations- oder Geschenkbänder in verschiedenen Farbschattierungen und Breiten werden hier einfach über Kreuz auf dem Tisch ausgelegt. Entscheiden Sie dabei selber, welches Farbenspiel passend zu Ihrem Geschirr und zur Jahreszeit den Tischschmuck bestimmen soll.

Für den notwendigen Halt sorgt eine flache Schale in der Tischmitte, die unter die Bänder gestellt wird. Die Bänder »laufen« durch die Schale und werden mit einigen Steinen fixiert. Füllen Sie dann die Schale mit Wasser auf und stecken Blüten aller Art, hier sind es Sonnenblumen, zwischen die Steine, so daß mit wenig Aufwand ein attraktiver Blickfang in der Tischmitte entsteht.

Wenn's schnell gehen soll, stellt sich oft die Frage, welche Vase am besten mit Geschirr und Tischdecke harmoniert. Oft paßt es gerade eben nicht. Bevor Ihre Dekoration aber in schlechten Kompromissen endet, bietet sich eine Alternative an: Es müssen nämlich nicht immer Vasen sein, die als Tischschmuck zum Einsatz kommen, andere Gefäße wie Schalen, Krüge oder zum Beispiel Flaschen eignen sich vielleicht sogar noch besser für eine Gestaltung, die »etwas aus der Reihe tanzt«.

Kreativ:
Verschaffen Sie einfach einer Reihe ausgedienter grüner Flaschen ein »Comeback« als Tischdekoration. Besonders stilvoll sind alte Wein- oder Champagnerflaschen, die bereits Staub und Patina angesetzt haben und eventuell mit ihren Etiketten von alten Zeiten erzählen – für ein paar Mark sind sie beim Trödler zu bekommen.

Mit Blumen können Sie hier sehr zurückhaltend sein. Eine oder nur wenige Blütenköpfe, in verschiedenen Höhen in die Flaschen gestellt, bewirken so viel, daß das ganze Arrangement wie ein schlichtes, aber wohlüberlegtes Stilleben erscheint.

Tip:
Mit wenig Aufwand gestaltete Etiketten, auf denen die Menüabfolge oder die dargereichten Weine beschrieben werden, können den alten Flaschen ohne Originaletiketten zu einer besonderen Funktion verhelfen. Die dort aufgeklebten Menüetiketten machen die Flaschen unversehens zur »Speisekartenparade«. Ihre Gäste werden sich in dieser ungewöhnlichen Tischdekoration auf die Suche nach dem machen können, was sie kulinarisch erwartet.

Tische im Grünen

Wenn die Tage länger und wärmer werden, lockt es uns unweigerlich hinaus ins Grüne. Dann wird auch bei manchen der Wunsch wach, einmal etwas mehr als die Tüte aus der Eisdiele oder das mitgebrachte Butterbrot im Freien zu genießen.

Wie Sie mit einfachen Mitteln und begrenztem Aufwand draußen im Grünen interessante Tischdekorationen inszenieren können, zeigen die Beispiele auf den nächsten Seiten. Sie werden erleben, wie gepflegt an solchen Tischen »getaftelt« werden kann.

Picknick »anno dazumal«

Das Resümee einer Leidenschaft, die schon im vergangenen Jahrhundert besonders die Briten jedes Wochenende paarweise oder als Gruppe hinaus ins Grüne trieb, könnte lauten: »Gras im Salat, Sand in der Butter, Wespen im Saft und Fliegen ohne Ende!«

Trotzdem – diese diversen Mißlichkeiten billigend – ist das Picknick über die Jahre eine in breiten Kreisen beliebte Form der Geselligkeit geblieben.

Übrigens ist Picknick nicht gleich Picknick. Ein paar Butterbrote am Wegesrand verzehrt, das hat mit dem Ursprünglichen nicht mehr viel gemein. Da gab es schon vor über 130 Jahren urbritische Verhaltensregeln, zum Beispiel zur Zusammenstellung des erlauchten Teilnehmerkreises. Im Chamber's Journal am 6. Juni 1857 steht es klar und deutlich: »Eine Picknickgesellschaft sollte vornehmlich aus jungen Männern und Frauen bestehen; zwei oder drei alte Mannspersonen können jedoch zugelassen werden, wenn sie sehr gut gelaunt sind; ein paar angenehme Kinder; und eine – nur eine – liebe alte Dame, der die Gesellschaft zuvor tunlichst die Überwachung der Organisation anvertraut und ihr diesbezüglich diktatorische Vollmachten übertragen hat...«

Nun, der Stadtpark ist nicht Ascot, heute darf ein Picknick so vielfältig sein wie die Geschmäcker derer, die es ausrichten. Aber vielleicht entdecken Sie den Reiz eines Ausflugs in die Mußestunden vergangener Zeiten. Sammeln Sie zusammen, was sich an alten Requisiten auftreiben läßt, und laden Sie Ihre Freunde zu einer Landpartie im Jahrhundertwende-Stil ein.

Kreativ:
Hier geht es um eine Tischdekoration ohne Tisch, deshalb können ruhig alle Gäste mitwirken. Fordern Sie alle Teilnehmer auf, einen Teil des »Proviants« in alten Weckgläsern, Körben und Terrinen mitzubringen.

Sie selber stellen das Geschirr, die Gläser und das Besteck zusammen und verstauen es in einem dazu passenden Weidenkorb. Dafür muß weder einer dieser aufwendigen »All-in-Körbe« herhalten, noch muß es altes Wedgewood-Porzellan sein. Ein dekoratives, rustikales Geschirr, mit den anderen Utensilien liebevoll kombiniert, erfüllt seinen Zweck ebensogut.

Wenn Sie das Besteck je Set in eine Serviettentasche legen, dann ist es gleich für jeden Gast griffbereit. Das können Sie zu Hause vorbereiten, und es entlastet Sie in der »Startphase« des Picknicks.

Gehen Sie im Haus und bei Verwandten auf die Suche nach Requisiten aus Oma's Zeiten: Strohhüte, Wanderstöcke, Liederbücher und eine Laute. Das Schöne daran ist, daß die Sachen nicht nur zur Dekoration dienen, sondern auch zur Anwendung empfohlen werden können.

Tip:
Was es zu essen und zu trinken gibt, entscheidet Ihre Phantasie – oder ein Kochbuch aus alten Zeiten beziehungsweise die Oma, die noch die guten Rezepte für picknick-taugliche Leckereien kennt. Scheuen Sie sich nicht herumzufragen, um dann einige schmackhafte Alternativen zu Frikadellen und Nudelsalat herzurichten.

Reizt es Sie auch, hinauszufahren auf's Land, Pflanzen und Tieren nachzuspüren und vielleicht dort im Grünen fröhliche Mußestunden zu verbringen?

Wenn Sie dann noch Freude an ländlich-rustikalem Essen haben, kann diese Tischdekoration sicher Ihre Phantasie als Gastgeber beflügeln. Begeistern Sie Ihre Gäste mit dem Zauber eines ländlichen Stillebens auf dem Tisch. Irgendwo draußen im Grünen, dort, wo Sie ein schönes Fleckchen Erde finden, läßt sich mit wenig Aufwand diese Dekorationsidee verwirklichen.

Kreativ:
Die hier verwendeten Materialien und Gegenstände sollen der natürlichen und ländlichen Atmosphäre entsprechen.

Am besten paßt rustikales Geschirr zu einem solch deftigen Landmahl. Aber auch ein einfaches, dekorloses Porzellan, das nicht im Kontrast zur übrigen Dekoration steht, läßt sich gut einsetzen.

Für die Suche nach alten Requisiten aus der Landwirtschaft (am besten in Miniaturausgabe) haben Sie entweder schon eine geeignete Quelle gefunden oder aber Sie lassen sich Zeit, um bei Trödlern oder in Spielzeugläden zu stöbern. Mitunter kann es nämlich auch sehr reizvoll sein, solche Heuwagen, Gerätschaften, kleine Milchkannen und verschiedene Tiere im Laufe der Zeit zusammenzutragen, um sie dann einmal bei einem solchen Landmahl auf den Tisch zu bringen.

Ergänzen Sie die Dekoration mit einheimischen Früchten, die Sie je nach Jahreszeit zusammenstellen können. Das, was es zu essen gibt, wird hier nicht irgendwie dazugestellt, sondern ist dekorativer Teil des Tisches, lädt ein, hier und dort zuzugreifen und es sich nach Herzenslust schmecken zu lassen. Zum Beispiel selbstgebackenes Brot, Äpfel und Kirschen, wie es auf diesem Tisch zu sehen ist.

Wenn Sie wollen, können Sie Butter und Schmalz, Eier und Gemüse, dazu kleine Töpfe mit verschiedenen Kräutersträußen (Petersilie, Dill und Schnittlauch) auf den Tisch bringen. Das bereichert das »Menü« und gibt dem Arrangement frische Farbe.

Ein Strauß Getreide, unter den Heuwagen gelegt, und ein Topf mit Margeriten oder anderen Wiesenblumen runden das ländliche Stilleben ab.

Einzelne Getreideähren entnehmen Sie vorher dem Strauß, um damit die zu einem Dreieck gefalteten Servietten zusammenzuhalten.

Die berühmten Seerosenbilder von Monet vermitteln etwas vom Zauber, den der Garten des großen Malers besaß: der verwegene Wildwuchs von Gräsern und Büschen am Ufer, das im Wind leicht wogende Schilfgras und die Schattenspiele auf dem Wasser.

Heute gibt es immer noch ähnlich idyllische Flecken. Man muß sie vielleicht suchen, aber sie lassen sich finden und laden dann um so mehr ein, dort zu verweilen und sich von der Faszination anstecken zu lassen.

Wenn Sie einmal etwas Besonderes arrangieren wollen, dann wählen Sie doch einen solch idyllischen Platz für ein kleines »Dinner« zu zweit oder zu viert, packen Sie die dazu notwendigen Dinge zusammen und bitten Ihren Gast oder Ihre Gäste ans Seeufer »zu Tisch«.

Kreativ:
Eine alte, schöne Spitzendecke bringt den Hauch von Romantik, der zu dieser Idylle paßt. Sie wird über eine vollfarbige Tischdecke gelegt, die farblich auf das eingedeckte Geschirr abgestimmt ist.

Die Farbkombination der Umgebung, das Grün und Blau, wird auf dem Tisch wieder aufgenommen. So kommt ein stahlblaues Service zum Einsatz und ebenso blaufarbene Gläser. Sie werden kombiniert mit dem Grün der Früchte und der Gräser, die auf dem Tisch ausliegen.

Wenn Sie eine Etagere zur Verfügung haben, eignet sie sich sehr gut als Früchteschale, weil sie dem Ganzen etwas Höhe gibt. Einige Pflanzen, die Sie am Ufer finden, umranken den Kern der Etagere.

Auch für den weiteren Blumenschmuck gilt: Das, was sich am Ufer findet, soll auch den Tisch verschönern. Hier zum Beispiel sind mehrere lange Stiele Pampasgras einfach auf den Tisch gelegt. Das sieht zum einen schön aus und hat zum anderen den Vorteil, daß nicht noch eine Vase zum Gepäck gehören muß.

Zu manchen Uferidyllen gehören die Angler, die bei jedem Wetter, meist am frühen Morgen, bereits am Ufer sitzen und auf das stille Wasser hinausschauen. Wenn Sie der Anblick solcher Muße inspiriert, bringen Sie es in der Tischdekoration auf einfache Weise zum Ausdruck. Binden Sie kleine Angelhaken oder Holzfische als Anhängsel an die Serviettenringe.

Tip:
Natürlich müssen Sie bei diesem Dinner im Grünen sehr darauf achten, daß Sie das notwendige Zubehör tragen und in Ihrem Auto verstauen können. Deshalb kommen nur zerlegbare Gartenmöbel in Betracht. Und das Essen kann sich auf einige leckere Kleinigkeiten beschränken, die sich gut vorbereiten, problemlos verpacken und vor Ort appetitlich anrichten lassen. Nur beim Dekorationsmaterial sollten Sie die Mühe des Transports nicht scheuen. Es lohnt sich bestimmt.

Bei der Einladungskarte kann Ihnen Monet nochmals eine Hilfe sein. Die schönen Seerosenbilder gibt es in vielen (Kunst-)Buchhandlungen als Postkarten zu kaufen. Nutzen Sie diese Karte für Ihre Einladung und stimmen Sie Ihren Gast auf das ein, was ihn erwartet.

Museumstreff

Für Kunstbegeisterte, die zwar nicht zu jeder Vernissage gehen, aber trotzdem gerne Galerien und Museen besuchen, läßt sich mit begrenztem Aufwand etwas Besonderes arrangieren: der spontane Museumstreff.

Nach dem gemeinsamen Ausstellungsbesuch trifft man sich mit Freunden und Gleichgesinnten im Grünen nahe beim Museum zur »Nachlese«. Dort werden beim Schoppen Wein Eindrücke ausgetauscht, »künstlerische« Standpunkte vertreten, wird gefachsimpelt oder nur geklönt, bevor man, wie sonst so oft, viel zu schnell auseinandergeht.

Die zu solch einem Anlaß passende Tischdekoration ist besonders effektvoll, wenn sie sich klar an der Art der Ausstellung orientiert. Zeitgenössisch oder avantgardistisch, sachlich oder verspielt, farbenfroh oder in Pastelltönen, cool oder eher mit barocken Elementen als Hommage an alte Meister: Lassen Sie sich in Ihren Ideen von den Ausstellungsstücken inspirieren.

Kreativ:
Als Tischdecke und als Malunterlage zugleich dient bei diesem Tisch Zeichenpapier von der Rolle, das im Fachhandel erhältlich ist. Diese Tischdecke soll wirklich nicht nur einfach daliegen, sondern im Laufe des Museumstreffs zu ihrer eigentlichen Gestalt finden und bemalt, beschrieben, also künstlerisch »veredelt« werden.

Als Aufforderung dazu legen Sie Pinsel, Bleistifte, Wachsmalkreiden und Temperafarbe oder andere Malutensilien auf dem Tisch aus.

Zusätzliche Impulse können kleine Kunstobjekte oder Abbildungen von Exponaten geben, die ebenfalls auf den Tisch gestellt werden.

Falls die Dekoration zunächst durch die »Tischdecke« und die anderen Gestaltungselemente einen eher strengen Eindruck vermittelt, so bringt ein bunter Wiesenstrauß mit Kornblumen und Nelken schnell die gewünschte Frische, die den Tisch belebt.

Tip:
Wenn Sie Ihre »Nachlese« auf dem Gelände des Museums abhalten wollen, dann sollten Sie sich erkundigen und Ihre kleine Aktion kurz genehmigen lassen. Damit vermeiden Sie eventuelle böse Überraschungen während des geselligen Beisammenseins.

Fast jede Ausstellung wird mit einem Plakat angekündigt, das man oft in geringen Mengen auch privat erwerben kann. Oder es gibt Abbildungen der zur Ausstellung gelangten Exponate in Postkartenformat zu kaufen. Beides sind gute Materialien, aus denen Sie die Aufforderungen zu Ihrem Museumstreff gestalten können. Und wenn sie nicht als Einladung Verwendung finden, als Blickfang auf einer Staffelei oder als Erinnerungsgeschenk zum Ende Ihres Museumstreffs eignen sich die Plakate ebenso gut.

Feste mit Tradition

Wenn es etwas zu feiern gibt im Leben, dann dies: die Hochzeit, die Taufe der Kinder, runde und weniger runde Geburtstage.

Hier finden Sie Anregungen für die nächste Gelegenheit. Ideen für besondere Tischdekorationen, Tips gegen die Gewohnheit, die manche traditionellen Feste erblassen läßt, und Hilfestellungen für liebevoll gestaltete Details.

1992

Hochzeit: Einer der Höhepunkte im Leben

Die Hochzeitsfeier ist nun wirklich etwas ganz Besonderes. Hier wird nichts dem Zufall überlassen. Für Sie als Hochzeitspaar wie für Ihre Gäste soll es glanzvoll und prächtig, eben ein unvergeßliches Fest werden – und das Festmahl ist neben der Trauung eines der wesentlichen Ereignisse des Hochzeitsfestes.

Mit dem Restaurant oder Partyservice wird das Menü oder Buffet bis ins Detail geplant. Für alle, auch für die Senioren und die Kinder, soll etwas ganz Köstliches dabeisein, leicht darf es sein, damit die Tanzfläche nachher ordentlich bevölkert wird, und die Weinkarte soll selbst Kenner aufhorchen lassen.

Die Gestaltung des Tisches aber ist viel zu oft noch »Stiefkind« in der Festvorbereitung. Man überläßt dem Menü-Lieferanten das Tischdecken und erlebt dann einen zwar schön gedeckten, aber leider unpersönlichen Standardtisch. Damit es nicht dazu kommt, nehmen Sie doch die Tischdekoration in Ihre Planung auf und überlegen Sie sich ein Gesamtkonzept, nach dem vom Blumenschmuck in der Kirche über die Tischgestaltung bis zur Einladung und Tischkarte alles dieselbe »Handschrift« trägt – nämlich Ihre ganz persönliche. Dies ist Ihr Fest. Und Ihre Phantasie, gepaart mit der Routine der Profis, macht das Fest zu dem, was Sie sich erträumen.

Lassen Sie sich in Ihren Ideen beflügeln von alten Bräuchen und Traditionen, von der Jahreszeit, in der Sie feiern, oder vom Schauplatz Ihres Hochzeitsfestes. Die Trauung in einer alten Dorfkirche lädt zum anschließenden Scheunenfest, die Kirche am See zur gemeinsamen Bootstour, die Schloßkapelle zum Schloßfest und das Standesamt in der Stadt zum zünftigen Fest im Bürgerhaus ein. Es muß ja nicht immer der nächste Gasthof sein.

Der Tisch auf diesen Bildern zeigt beispielhaft die Gestaltung im Salon eines alten Herrenhauses. Dessen Ambiente hat die Auswahl der Dekorationselemente und Farben natürlich erheblich vorgeprägt. Die Tischdekoration nimmt Farbe und Stil des Raumes auf und bezeugt trotzdem durch kleine Details den individuellen Charakter.

Wenn Sie vor dem Ereignis Ihre Dekorationsideen mit den räumlichen Gegebenheiten gut abstimmen, erreichen Sie sicher den für Ihre Gäste so angenehmen harmonischen Gesamteindruck.

Kreativ:
Die Farbe Weiß, die klassische Farbe der Braut, verleiht in Tischwäsche, Porzellan und Servietten dem Tisch einen sehr eleganten Grundton. Silberne Platzteller, umrahmt von silbernem Besteck, und die Silberleuchter in der Mitte unterstreichen die festliche Atmosphäre. Ausgelegte Schleier und Bänder aus weißer Spitze bringen den zarten Charme auf den Tisch, der die Brücke zum Anlaß des Festes schlägt: die Hochzeit der zwei Liebenden.

Die üppige Girlande aus Früchten, Blumen und Blättern, die sich über die gesamte Tischlänge erstreckt, bringt den Tisch so richtig zum Blühen. Sie ist der Blickfang, ob rustikal oder elegant, je nach Jahreszeit in fröhlichen oder eher gedeckten Farben, mal mit exotischen Blüten oder mit Blumen des Feldes. In die Girlande auf diesem Tisch sind Weintrauben, Chrysanthemen, Rosen, Veronika, Protea-Blüten, Astern, Doris Reika, Sedum und Hopfen eingebunden. Um solch eine Girlande zu binden, braucht es einige Erfahrung. Sie sollten deshalb daran nicht sparen und dieses den geschulten Expertenhänden überlassen – selbstverständlich mit klaren Vorgaben.

Das Austüfteln der Tischordnung für Ihre Hochzeitstafel ist meist ein mühsames Unterfangen. Und doch trägt die gelungene Tischordnung entscheidend dazu bei, daß die Gäste sich wohlfühlen und gerne an das Fest zurückdenken. Auf jeden Fall sollten Sie sich diese Mühe machen und Ihre Entscheidung auf den Tischkarten zum Ausdruck bringen. Wenn es Ihnen Freude bereitet, können Sie die Tischkarten sogar als einen persönlichen Gruß an Ihre Gäste gestalten. Repliken einiger Kinder- und Jugenderinnerungen des Hochzeitspaares, frühe Gemälde und Briefe aus der Zeit der ersten Jugendliebe sind ein Beispiel für solche Tischkarten.

Tip:
Eine ideenreiche Dekoration schmückt die Hochzeitstafel, drei oder vier verschiedene Gläser an jedem Gedeck sind dagegen oft eher Fülle als Dekoration. Wenn dann auch noch nach dem ersten Getränkegang die zwei anderen, bis dahin ungenutzten Gläser wieder abgedeckt werden, stellt sich die Frage nach dem Sinn des Schauspiels.

Um den Tisch nicht unnötig zu füllen, decken Sie deshalb zu Beginn nur ein Glas je Gedeck ein und lassen Sie es entsprechend den Getränkewünschen Ihrer Gäste austauschen.

Weitere Stücke der Blumengirlande können Sie anfertigen lassen, um sie über die Rückenlehnen der Brautpaar-Stühle zu legen oder über der Eingangstür des Raumes beziehungsweise auf dem Fenstersims zu befestigen.

Opa

Den Höhepunkt des Tauftages bildet nicht das gemeinsame Festessen, sondern der Taufakt – und das ist gut so. Entsprechend wäre es schön, wenn sich die gesamte Dekoration diesem zentralen Anlaß unterordnet. Es dreht sich alles um den kleinen Ehrengast des Tages.

»Taufen« stammt übrigens von dem Wort »tauchen« ab. Ursprünglich wurden die erwachsenen Täuflinge im Wasser ganz untergetaucht – als Zeichen für die reinigende und zugleich lebenspendende Bedeutung des Wassers. Wenn diese Taufe heute lediglich als symbolische Handlung vollzogen wird, so setzt sich darin doch eine sehr alte Tradition fort.

Ebenso traditionsreich ist sicherlich das anschließende Tauffest als Feier der Familie und der Paten. Oft wird das Feiern im privaten Rahmen bevorzugt, da es persönlicher und mit Kleinkindern oft problemloser zu gestalten ist.

Zu Ehren des kleinen Kindes, für das die Taufe ja das erste große Fest des Lebens ist, gilt es, mit phantasievoller Gestaltung des Festes und besonders des Tisches die Hauptperson des Tages immer wieder in den Vordergrund zu stellen. Lassen Sie also Ihrer Phantasie freien Lauf, und machen Sie gedanklich einen Ausflug in die Welt, die Kinderherzen höherschlagen läßt. Bauklötze, Schiffe und Matrosen, Sandspielzeug, kleine Modellautos, Puppenhäuser mit »richtiger« Einrichtung, kleine Kränze von Wiesenblumen, Tiere mit flauschigem Fell – alles das sind mögliche Themen einer Tischdekoration.

Kreativ: Der Tisch für den kleinen Stammhalter

»Ahoi, kleiner Matrose!« Eine Tischdekoration in blau-weißen Farben, mit einfachen Stilelementen und viel Selbstgebasteltem: ein persönlicher Gruß an den kleinen Täufling.

Ein blau-weiß gestreiftes Stofftuch in der Mitte des Tisches symbolisiert das Wasser, auf dem verschiedene Segelboote ihre Bahn ziehen. Die Segelboote aus Seidenpapier sind nach der aus eigenen Kindertagen sicher noch geläufigen Faltanleitung in beliebiger Fülle und Größe selbst herzustellen. Falls Sie beim Falten dennoch Schwierigkeiten bekommen: In den meisten Bastelbüchern sind solche Anleitungen illustriert. Die »Flotte« bekommt auf dem Tisch mehr Halt, wenn Sie die Boote jeweils mit einer Nadel im Tuch feststecken.

Sehr dekorativ sind auch kleine Kutter aus Holz, die Sie als Souvenir an der See oder in Spielzeuggeschäften günstig kaufen können.

Die Menükarten auf jedem Gedeck in Form eines Matrosen-Kostüms sind aus Tonpapier und Satinband mit etwas Geschick selbst zu gestalten. Sie werden bestimmt zu einem schönen Erinnerungsstück für Ihre Festgäste.

Kreativ: Der Tisch für die kleine »Madame«

Apart und stilvoll, Farben und Formen mit sanftem und lieblichen Charme: der persönliche Gruß an die junge Dame.

Die Tischdecke und die Servietten werden in zarten Rosé-Tönen gehalten, das eingedeckte Geschirr ist weiß, Efeu und Rosen sowie Schleifenbänder in den Farben der Tischwäsche – das sind die Gestaltungselemente dieser Dekoration.

Den Mittelpunkt des Tisches bildet eine größere Silberschale, die mit Rosenköpfen gefüllt ist. Die Schale kann ruhig etwas höher aufragen, damit die gesamte Dekoration etwas Spannung erhält.

Kleine Blumenkränze im Durchmesser von etwa zehn Zentimetern, die Sie selbst anfertigen oder beim Floristen binden lassen, werden gut verteilt auf dem Tisch ausgelegt. Achten Sie nur darauf, daß sie farblich auf den Grundton des Tisches abgestimmt sind.

Efeuranken (aus dem Garten, aus dem Wald oder ebenfalls vom Floristen) verbinden die einzelnen Elemente auf dem Tisch, so daß die Dekoration zu einer natürlichen Einheit wird. Zusätzlich werden kürzere Efeuranken als »Serviettenringe« verwendet. Das Efeu sollten Sie vor dem Einsatz abwaschen und gut abtrocknen.

Die ganz persönliche Note erhält die Dekoration in der Menükarte auf jedem Gedeck: Der Scherenschnitt Ihres Täuflings, den Sie mit etwas Zeit und Muße selbst erstellen können, ziert die Karte. Für einen solchen Scherenschnitt muß Ihr Kind nicht etwa zehn Minuten stillhalten – ein Foto von der Seite ist die beste Vorlage. Das Profil des Kopfes wird sorgsam aus dem Foto ausgeschnitten und dient auf schwarzer Pappe als »Schnittmuster«. Dazu braucht es nur etwas Geduld und eine ruhige Hand!

Eine schöne Tradition bildet das Pflanzen des »Täuflingsbaumes«. Am Tag der Taufe wird ein Baum für das Kind gepflanzt, dessen erste »Früchte« kleine Karten sind, die in den Baum gehängt werden. Auf diese Karten schreibt jeder Gast seinen persönlichen Gruß und Wunsch an das Leben des Täuflings. Die Karten können bereits auf dem Tisch ausliegen, so daß ausreichend Zeit zum Ausfüllen bleibt. Gegebenenfalls kann auch die Tischdekoration darauf Bezug nehmen.

Ganz gleich, ob Sie den Taufspruch für Ihr Kind selber ausgesucht haben oder ob es von Seiten der Kirche geschieht: Aus diesem Taufspruch läßt sich vielleicht eine Gestaltungsidee für die Tischdekoration ableiten, so daß sich das Anliegen des Taufspruches wie ein roter Faden durch den Festtag zieht.

American Christmas: Weihnachten einmal anders

Glimmer, Glitter, Glamour und grelle Farben – ist das American Christmas? Wenn Sie in der Vorweihnachtszeit durch eine typisch amerikanische Mall (eine Laden-Passage) oder durch die Einkaufsstraßen der Städte schlendern, dann ist es das schon – aber nicht überall ist American Christmas so kommerzialisiert wie in den Mall's. Sicher, es wird in der Advents- und Weihnachtszeit in Amerika aufwendiger und zum Teil schriller dekoriert als allgemein in Deutschland, aber es muß deshalb für unser traditionell geprägtes Empfinden noch lange nicht kitschig oder gar geschmacklos sein.

Wenn Sie also in der Weihnachtszeit einmal Gäste aus den Vereinigten Staaten in Ihrem Hause haben oder wenn Sie auch nur für sich selber eine andere Tischgestaltung realisieren wollen – warum nicht im Stil des American Christmas!

Kreativ:
Ein paar »Zutaten« zu dieser Tischgestaltung haben Sie wahrscheinlich schon in Ihrer Weihnachtskiste, andere wohl noch nicht: »Santa Claus« ist da und eine bunte Lichterkette (die auf keinen Fall fehlen darf). Knallbonbons gehören dazu, viele bunte Kugeln und goldenes »Geschmeide«.

Das ganze Spektakel unterlegen Sie am besten mit einer ungemusterten Tischdecke. Auf diesem Tisch verbreitet die Tischdecke einen metallischen Schimmer als »glänzende« Grundlage für den rauschigen Tisch. Goldenes Sternen-Konfetti, das Sie auf den Tisch streuen, verstärkt diesen Eindruck und ergibt bei richtiger Beleuchtung schon herrliche Glitzereffekte.

In die Mitte wird dann die bunte Lichterkette gelegt, umgeben von einer goldenen Girlande, die das Kabel optisch verdeckt und durch die bunten Lichter in vielen Goldtönen schimmert. Die elektrische Zuleitung sollten Sie in jedem Fall bei Ihrem Platz am Tisch herunter und zur Steckdose führen, damit Ihre Gäste durch das Kabel nicht gestört werden.

In diese Lichterketten-Girlande können Sie je nach Geschmack und Verfügbarkeit bunte Weihnachtskugeln legen. Ein mutiger Griff in die Farbpalette schadet dabei nicht, nur sollten sich die Kugeln im Material gleichen. Achten Sie beim Auslegen ein wenig darauf, daß die Farbe der Kugeln mit den Farben der umgebenden Lichter harmoniert.

»Santa Claus«, der Weihnachtsmann ist ein »Muß« – kein American Christmas ohne ihn. Er kommt auf einem goldenen Schlitten daher, gefüllt mit Knallbonbons oder mit kleinen Päckchen, die die Gäste auspacken dürfen.

Die Servietten, in der Farbe passend zur Tischdecke, sind tütenförmig zusammengelegt und werden jeweils von einer edlen Dekorkordel gehalten. Auch in die Servietten können Sie für jeden Ihrer Gäste eine kleine Überraschung hineinstecken. Die Kordeln bekommen Sie in Stoff- oder Vorhanggeschäften.

Tip:
Auch wenn es für Sie vielleicht ungewöhnlich ist, für Gastgeber und Gäste eines American Christmas Dinner ist es eine Selbstverständlichkeit, in feiner Robe zu erscheinen. Machen Sie es auch so: Weisen Sie bei der Einladung darauf hin, daß Sie an diesem Abend in feinem Gewand gemeinsam tafeln wollen. Das rauschige Ambiente des Tisches, dazu die Gäste im rauschigen Kleid – der Abend wird sicher etwas Besonderes!

Was gibt es zu essen? Die Amerikaner lieben den gefüllten Truthahn, sie erwarten ihn geradezu bei einer solchen Einladung. Also: Bringen Sie eine Pute auf den Tisch, gefüllt mit allerlei Leckereien und schön knusprig gebraten.

Rolf
GRUNDRISSE

Geburtstag: Wie auf dem Reißbrett

Tischdekorationen können Geschichten erzählen, entweder passend zum Anlaß oder bezogen auf die Gäste, die kommen werden. Oder sie erzählen etwas über den Gastgeber des festlichen Zusammenseins. Hier ist es exemplarisch der Geburtstag eines Architekten, der in entsprechender Atmosphäre begangen wird.

Es ist nicht etwa ein Arbeitstisch, der hier aufgebaut wurde, sondern ein Tisch für Mußestunden. Aber die Materialien und »Werkzeuge«, die das Geburtstagskind am Arbeitsplatz umgeben, tauchen hier auf und erhalten überraschend andere Bedeutungen. Kein städtebauliches Konzept gilt es auf diesem Tisch zu entwickeln, doch die Dekoration wird vielleicht zum interessanten Gespräch anregen.

Kreativ:
Ausgediente Originalpläne oder Blaupausen der Entwürfe gehören natürlich als Untergrund auf den Tisch. Legen Sie ruhig mehrere Pläne kreuz und quer übereinander. Dann gibt es für die Gäste mehr zu entdecken, und die einzelnen Blätter wirken nicht wie Tischsets. Einige Blaupausen können Sie zusätzlich als dekorative Rollen auf dem Tisch auslegen.

Wenn Sie das Modell eines Gebäudes zur Verfügung haben, bietet es sich als Exponat sehr gut an. Es darf nur nicht allzu groß sein, sonst lenkt es die Blicke zu stark auf sich – und damit vom Tischnachbarn ab, was wahrscheinlich nicht in Ihrer Absicht liegt.

Weiterer Zeichenbedarf wie Bleistifte, Zirkel, Scheren, Winkel- und andere Lineale, Tusche-Stifte sowie weitere Dinge Ihrer Wahl ergänzen die Dekoration auf dem Tisch. Wichtig ist aber, daß Sie den Tisch nicht mit Material überfüllen. Er soll nicht wie ein unaufgeräumter Wühltisch aussehen – sondern gezielt gestaltet.

Die Servietten können Sie zu »Röhren« zusammenrollen und in der Mitte zu einer Pyramide aufeinanderstapeln, so daß jeder Gast bei Bedarf zugreifen kann. Ein Bambusstiel (alternativ Efeu oder Knöterich) wird als ein typisches Beispiel einer Erstbepflanzung an neuen Gebäuden in die Serviettenröhren eingesteckt.

Als Tischkarten kommen hier die ästhetisch sehr reizvollen Faltkarten mit ausgestanzten architektonischen Skulpturen zum Einsatz. In guten Papeterien sind sie in verschiedenen Ausführungen und Motiven erhältlich. Die Namen der Gäste werden entweder mit einem Silberstift auf die Karten geschrieben oder sogar mit den am Zeichentisch gebräuchlichen Schablonen.

Tip:
Das Hobby oder der Beruf der Geburtstagskinder läßt sich natürlich auch in vielen anderen Varianten in der Tischdekoration umsetzen. Zur Bankangestellten passen Kopien von Wertpapieren, Computerlisten und Rechenmaschine, der Gartenliebhaber findet alte Stiche von Blüten und Pflanzen, dazu Kräutertöpfchen und eine kleine Zinngießkanne als Blumenvase. Lassen Sie Ihrer Phantasie freien Lauf.

Erinnerungen: Die guten alten Zeiten

Egal, ob Sie viel oder wenig Großes erlebt haben: 50 oder 60 Jahre Lebenserfahrung sind Anlaß genug, auch die unzähligen kleinen Erlebnisse in Erinnerung zu bringen. Am besten geht das gemeinsam, im Kreis der Familie oder mit den guten alten Freunden, die Sie über die Jahre hinweg begleitet haben.

Richtig interessant wird es, wenn Sie aus den Senioren Ihrer Familie durch das Betrachten alter Bilder, Briefe oder anderer Erinnerungsstücke Anekdoten und Episoden hervorlocken, die Sie bisher noch nie gehört haben. Nutzen Sie den nächsten Geburtstag oder Festtag zu solch einer Plauderei über die gute alte Zeit, und sorgen Sie mit dieser Tischdekoration ganz gezielt für den nötigen Gesprächsstoff.

Kreativ:
Lassen Sie altes Familienporzellan als Schmuckstück des Tisches zur Geltung kommen. Und wenn ein sehr altes Service durch den berühmten Zahn der Zeit allzusehr dezimiert ist, kombinieren Sie es ruhig mit einigen Gedecken aus einem dazu passenden Service jüngeren Datums.

Mit dem Einsatz von farblich abgestufter Tischwäsche als Alternative zum glatten weißen Tischtuch vermeiden Sie leicht den etwas förmlichen und strengen Charakter und geben dem Tisch mehr Spannung und Ausdruck. Hier ist ein fliederfarbenes Moiréetuch locker über den Tisch gelegt und durch farblich abgestimmten Tüll in der Tischmitte ergänzt. Das festliche Familienporzellan auf einer Decke mit derart vielen Falten: »So etwas gab es zu unserer Zeit aber nicht«, und schon ist der Stoff für die erste Gesprächsrunde geliefert.

Alte Erinnerungsstücke Ihrer Familie und kleine Festtagsgeschenke werden dann auf oder unter dem Tüll ausgelegt. Dabei hängt es ganz von Ihrer Phantasie und vom Erfolg Ihrer Stöberei in alten Kommoden und Schränken ab, wieviel es für Ihre Gäste zu entdecken gibt.

Setzen Sie alte »Photographien« als Platzkarten für Ihre Gäste ein. Jeder findet seinen Platz, da er sich selbst auf dem Bild wiedererkennt oder an ein bestimmtes Erlebnis erinnert wird, von dem er sogleich in der Tischrunde erzählen kann.

Tip:
Was halten Sie von einem »Erinnerungenstrauß« an das Geburtstagskind oder an die Gastgeberin? Jeder Gast wird mit der Einladung aufgefordert, einen Blumenzweig seiner Wahl mit einem Kartengruß aus gemeinsamen Erinnerungen zu verbinden und diesen mitzubringen. Alle Grüße (und Blumenzweige) werden am Festtag zu einem Erinnerungenstrauß zusammengestellt, der sicherlich ebenfalls eine Menge Ansätze für herzerquickende Plaudereien enthält.

Die Planung: Erst denken, dann handeln

Am Anfang steht die gute Idee.

Wenn Sie nur die Ahnung einer guten Idee haben, greifen Sie ruhig zu Papier und Stift. Aus einer Ahnung läßt sich oft die konkrete Gestaltungsidee entwickeln. Am besten geht das in drei Schritten. Notieren Sie im ersten Schritt all das, was Sie machen könnten. Im zweiten Schritt streichen Sie an, was Sie bei dieser Gelegenheit machen wollen, und skizzieren dann kurz, wie Sie es realisieren möchten.

Schreiben Sie alles auf, auch die kleinen Nebensächlichkeiten, die sich bei der Vorbereitung so gerne »verstecken« und dann doch unerledigt bleiben. Solche Spickzettel lohnen sich immer wieder.

Für umfangreiche Tischdekorationen bewährt sich ein Zeitplan mit »umgekehrter Zeitrechnung«. Die letzte Aktion ist darin jeweils die Begrüßung der Gäste und der Zeitplan führt die Stunden und Tage davor auf.

Das Material: Rechtzeitig nachsehen

Schauen Sie in Ihren Schränken nach: ob das Geschirr ausreicht, besonders wenn es mehrere Gänge und zum Beispiel einen Brotteller für's geplante Menü gibt; ob genügend Gläser darin stehen, so sauber, als wären sie fast nie gebraucht; ob Besteck und Vorlegebesteck in ausreichender Zahl vorhanden ist und ob das Silber geputzt werden müßte; ob die gewünschte Tischdecke noch einmal gebügelt werden soll; ob die Zahl der Servietten stimmt und sie frisch gewaschen und gestärkt sind; ob Kerzen für die Leuchter und genügend Schüsseln und Schalen für die Köstlichkeiten der Küche einsatzbereit sind.

Die Blumen: Ganz nach Ihren Wünschen

Bedenken Sie schon bei der Planung, welche Blumen Sie sich vorstellen und wie sie arrangiert werden. Sonderwünsche sollten nämlich rechtzeitig beim Floristen vorbestellt werden. Damit der Blumenstrauß und die Vase eine Einheit bilden, können Sie ruhig Ihre Vase mit zum Floristen nehmen, sich dort beraten lassen, aber auch deutlich Ihre Vorstellungen vermitteln. Wer etwas Erfahrung hat, prüft kritisch das Blumenangebot, achtet auf kräftige Blüten und Stiele und kauft in manchen Fällen nur die Blüten, um sie mit frischem Grün aus dem Garten oder Wald nach eigenen Vorstellungen und Wünschen zu einem Strauß zu binden.

Die Profis: Wenn's etwas mehr sein soll

Nutzen Sie die Serviceangebote vieler Profis, die etwas von Festen und Tischgesellschaften verstehen. Mancher Partyservice liefert nur Braten und kalte Platten, andere aber offerieren fast alle Leistungen rund um das Fest. Sämtliches Material und selbst Servicepersonal können Sie nach Bedarf ausleihen. Wer zu Hause ein erlesenes Menü servieren will, aber nicht selbst in der Küche wirbeln möchte, kann einen Koch engagieren, der in Ihrer Küche nach Ihren Wünschen die feinsten Leckereien zaubert.

Soll Ihr Fest neben dem gemeinsamen Essen noch weitere Höhepunkte enthalten? Vielfältige Unterhaltungsspezialisten, Diskjockeys und Musiker, kleine Kammerensembles, Alleinunterhalter, Zauberer und andere Experten für teils originelle Festbeiträge bieten ihre Dienste an.

Wo Sie diese Profis finden? Eine Antwort kennen Sie sicher aus der Werbung: in den Gelben Seiten, im Branchen-Telefonbuch. Weitere Quellen für Adressen sind Freunde und Bekannte mit Fest-Erfahrung sowie Restaurants, die Ihnen meist Kontakte zu den Spezialisten vermitteln können.

Die Routine: probieren geht über studieren

Einige allgemeine Tips können zusätzlich dazu beitragen, daß die nächste Tischdekoration gelungener wird.

Improvisieren Sie: Wenn das Geschirr oder Besteck für eine größere Festgesellschaft nicht ausreicht, stellen Sie Unterschiedliches so zusammen, daß es gekonnt und wie geplant aussieht. Hilfreich ist dazu eine »Trockenübung« ohne konkreten Anlaß. Kombinieren Sie einfach einige unterschiedliche Teller, Gläser und Besteckteile und lassen Sie die Ergebnisse auf sich wirken. Die beste Kombination ist dann für den »Ernstfall« einsatzbereit.

Sammeln Sie: Wenn es an Dekorationsmaterialien fehlt und Sie im Winter gerne in der Tischmitte die Steine einsetzen würden, die Sie im Sommer am Strand gesehen hatten, dann lohnt sich ein kleines Lager mit Dingen, die als Dekorationselemente irgendwann einer Tischidee Gestalt geben können. Ob solche Fundstücke sich zur Dekoration eignen, läßt sich wiederum ausprobieren, wenn Sie Muße dazu haben.

Schreiben Sie: Wenn Sie für alles, was Ihnen und Ihrer Familie gut schmeckt, die Rezepte aufschreiben, damit die Einzelheiten nicht vergessen werden, die dem Ganzen den Pfiff geben, dann spricht nichts dagegen, mit Dekorationsideen genauso zu verfahren. Denn warum sollen Sie gelungene Tischgestaltungen nicht ein weiteres Mal einsetzen.

Probieren Sie: Wenn die Hochachtung davor, wie perfekt andere das Gestaltungshandwerk beherrschen, Sie fast entmutigt, dann sollten Sie aktiv werden. Binden Sie Schleifen mit breitem Dekoband, bis es klappt. Gestalten Sie schöne Sträuße aus Blättern und Ästen des Gartens. Falten Sie Servietten zu unterschiedlichen Formen. Legen Sie ein Tischtuch in mehreren Variationen über den Tisch. Probieren Sie's. Sie werden merken, wie schnell der Abstand zu den Experten schrumpft. Und Spaß macht das Ausprobieren obendrein.

Hersteller-Nachweis

Seite 38/39
Platzteller: Mercantile
Geschirr: Royal Limoges/Bernadotte, Limoges
Besteck: Wilkens
Gläser: Peill
Serviettenringe: privat

Seite 40/41
Geschirr und Becher: aus Spanien, privat
Besteck: privat

Seite 42/43
Geschirr: Intercado
Besteck: Wilkens
Serviettenringe: privat

Seite 44/45
Platzteller: Mercantile
Geschirr und Besteck: Dibbern-Collection
Gläser: Leonardo

Seite 46/47
Teller: JVV
Besteck: Georg Jensen
Gläser: Kosta Boda
Serviettenringe: Ritzenhoff, Sieger Design

Seite 48/49
Platzteller: Mercantile
Geschirr: Schönwald, bei Dibbern
Besteck: Wilkens
Gläser: Spanische Landweingläser

Seite 50/51
Platzteller: Mercantile
Teller: Dibbern Collection
Besteck: Wilkens
Gläser: ›La Mediteranea‹, aus Spanien

Seite 52/53
Platzteller: Mercantile
Teller: Mercantile
Besteck: Wilkens
Gläser: Peill

Seite 56/57
Platzteller: Wilkens
Geschirr: Royal Limoges/Bernadotte, Limoges
Besteck: Reiner
Gläser: privat

Seite 58/59
Platzteller: Schulte-Ufer Design
Geschirr: Dibbern Collection
Besteck: Georg Jensen (S. 58), Wilkens (S. 59)
Gläser: Kosta Boda

Seite 60/61
Geschirr: Rosenthal
Besteck: Wilkens
Gläser: Riedel

Seite 62/63
Platzteller: Wilkens
Geschirr: Philippe Deshoulieres, Limoges
Besteck: Wilkens
Gläser: Peill

Seite 64/65
Geschirr; Besteck;
Gläser: privat

Seite 66/67
Geschirr: Schönwald, bei Dibbern
Besteck: Dibbern Collection
Gläser: privat

Seite 68/69
Platzteller: Wilkens
Geschirr: Villeroy & Boch
Besteck: Wilkens
Gläser: Peill

Seite 70/71
Platzteller: Mercantile
Geschirr: Rosenthal
Besteck: INOX-France

Seite 74
Platzteller: Mercantile
Geschirr: Arzberg
Besteck: Dibbern Collection
Gläser: Peill

Seite 75
Platzteller: Wilkens
Geschirr: Arzberg
Besteck: Wilkens
Gläser: Peill

Seite 76
Platzteller: Mercantile
Geschirr: Dibbern Collection
Besteck: Wilkens
Gläser: Peill

Seite 77
Geschirr: Arzberg
Besteck: Wilkens
Gläser: Peill

Seite 78
Platzteller: Mercantile
Geschirr: Arzberg
Besteck: Wilkens
Gläser: Riedel

Seite 79
Geschirr: Rosenthal
Besteck: Wilkens
Gläser: IKEA

Seite 80
Geschirr: Arzberg
Besteck: Wilkens
Gläser: Riedel

Seite 81
Platzteller: Mercantile
Geschirr: Dibbern Collection
Besteck: Wilkens
Gläser: Peill

Seite 82
Geschirr: Arzberg
Besteck: Wilkens
Gläser: Peill

Seite 83
Platzteller: Mercantile
Geschirr: Arzberg
Besteck: Wilkens
Gläser: Peill

Seite 84
Geschirr: Schönwald, bei Dibbern
Besteck: Wilkens

Seite 85
Geschirr: Arzberg
Besteck: Dibbern Collection
Gläser: Riedel

Seite 88/89
Geschirr: Hutschenreuther
Besteck: Wilkens
Gläser: privat

Seite 90/91
Geschirr: Intercado
Besteck: Wilkens
Gläser: spanische Landweingläser

Hersteller-Nachweis/Register

Seite 92/93
Geschirr: Philippe Deshoulieres, Limoges
Besteck: privat
Gläser: spanische Landweingläser

Seite 94/95
Platzteller: Schulte-Ufer Design
Geschirr: Dibbern Collection
Besteck: Wilkens
Gläser: Peill

Seite 98–101
Platzteller; Eßteller;
Besteck; Gläser: privat

Seite 102/103
Geschirr: Deslauer Manufaktur Goebel
Besteck: Silber Hepp
Gläser: Zwiesel

Seite 104/105
Geschirr: Deslauer Manufaktur Goebel
Besteck: Silber Hepp
Gläser: Riedel

Seite 106–109
Platzteller: Wilkens
Eßteller: Villeroy & Boch
Besteck: Wilkens
Gläser: Peill

Seite 110/111
Geschirr: Rosenthal
Besteck: Wilkens
Gläser: Riedel

Seite 112/113
Geschirr: Meißen
Besteck: Wilkens

Register

A
American Christmas: Weihnachten einmal anders 106
Apfelschalen polieren (Tip) 81

B
Bella Italia 60
Besteck 16
Blumen 114
Blumenschmuck 35
Brunch: Umzugsbrunch 66

C/D
Candlelight-Dinner 62
Dekorationsbänder 76
Drachensteigen 44

E
Eier natürlich färben (Tip) 40
Ein Muschelessen 46
Eindecken: Gekonnt eindecken 24
Erinnerungen:
  Die guten alten Zeiten 112

F
Farben
  Blau 11
  Gelb 10
  Grau 9
  Grün 9
  Pastellfarben 11
  Rot 10
  Weiß 10
  Zwei Wege zu gelungener Farbwahl 11
Frühlingserwachen 38
Frühstück mit frischen Früchten 42

G
Geburtstag: Wie auf dem Reißbrett 110
Gedecke 24
Geschirr 12
Gläser 14

H
Hausmusik 56
Herbstzeit auf dem Tisch 48
Hochzeit: Einer der Höhepunkte im Leben 98

I
Im Grünen
  Lustiges Landleben 90
  Museumstreff 94
  Picknick »anno dazumal« 88
  Wie in Monets Garten 92
Italia: Bella Italia 60

K/L
Keep cool 58
Kerzenleuchter schmücken 74
Lustiges Landleben

M/N
Material 114
Menükarten-Halter (Tip) 53
Menükarten: Tischkarten und Menükarten 32
Muschelessen: Ein Muschelessen 46
Museumstreff 94
Nach der Oper 68

O/P
Ostervesper: Jedes Jahr auf's Neue 40
Partyservice 115
Picknick »anno dazumal« 88
Planung 114
Probieren geht über Studieren 115
Profis 115

R/S
Routine 115
Schlittenpartie 52
Schnee-Ersatz (Kreativ) 53
Schnell dekoriert
  Bänder-Stern 84
  Ein Hauch von Tüll 79
  Ententeich 77
  Flaschenparade 85
  Flechtwerk 80
  Glasperlenspiel 83
  Rosenzauber 75
  Seerosen 82
  Stein an Stein 78
  Tischläufer 76
  Wandlung eines Leuchters 74
  Wirsing vom Feinsten 81
Schottischer Winterabend 50
Schwimmende Kerzen 75
Serviettenfalten
  Das Boot 31
  Der Fächer 28
  Der Schmetterling 30
  Drei Wellen 29

T
Taufe: Ein Fest der Familie 102
Tisch- und Menükarten 32
Tischordnung 33
Tischtuch
  Exotisch wie ein Zataku 20
  Fließend wie ein Schal 21
  Gerafft wie ein Sommerkleid 22
  Geschmückt wie eine Braut 23

U
Umzugsbrunch 66
Urlaub 64

W
Weihnachten: American Christmas 106
Wie im Spielkasino 70
Wie in Monets Garten 92
Winterabend: Schottischer Winterabend 50

Einladen & genießen

Freunde einladen – das ist wohl der schönste Anlaß, einmal wieder etwas ganz Köstliches auf den Tisch zu bringen. Einfach in fröhlicher Runde so richtig schlemmen – und genießen.

Die Reihe »*Einladen & genießen*« hält vielerlei Ideen bereit, mit denen man ohne viel Aufwand eine Atmosphäre der guten Laune zaubert – damit die Einladung zum vollen Erfolg wird.

Sei es zum Familienfest, High Tea, zum Gartenfest oder zum Sektfrühstück – Buffets sind immer willkommen. Sie lassen sich wunderbar vorbereiten und ermöglichen den Gastgebern, selber unbeschwert mitzufeiern...

120 Seiten mit ca. 110 Farbfotos,
laminierter Pappband.
15,– DM/99,– öS/14,– sfr.

Einladen & genießen

Alles dreht sich um den heißen Topf! Aber er ist ja auch kaum zu schlagen, wenn es um gastgeberfreundliche Einladungen geht. Die Zutaten zum Garen können in Ruhe bereitgestellt werden, dazu gibt es passende Saucen, Dips, Salate...

120 Seiten mit ca. 80 Farbfotos,
laminierter Pappband.
15,– DM/99,– öS/14,– sfr.

Weitere Titel in Vorbereitung:

Cocktailparties • Dinner for Two
Köstliches aus dem Wok • Menüs, die sicher gelingen
Wir feiern Feste • Raclette, Heißer Stein & Waffeleisen
Advent und Weihnachten

Beate Rabe
hat die Dekoration über viele Jahre hinweg vom ernst gemeinten Hobby zur Teilzeitbeschäftigung in verschiedenen Tätigkeitsfeldern rund um den gedeckten Tisch entwickelt. Ihre kleine Agentur »fantasTISCH« berät private Festveranstalter, konzipiert und gestaltet Dekorationen für vielfältige Gelegenheiten, gibt Einführungskurse für interessierte Tisch-Decker und hat jetzt diesen Bildband gestaltet.

Klaus Arras
studierte an der Fachhochschule in Köln Foto-Ingenieurwesen mit Schwerpunkt Audio-Visuelle Medien und Bildgestaltung. Der Schwerpunkt seiner bisherigen Arbeit lag im Bereich Stillife, in jüngster Zeit beschäftigt er sich zudem verstärkt mit Food-Fotografie. Seit 1985 hat er ein eigenes Fotostudio in Köln und arbeitet vor allem für Werbeagenturen, Industrie und Kochbuchverlage.
Für das Styling ist bei vielen Fotoproduktionen Frau Xenia Burgtorf zuständig, so auch bei diesem Buch.

Redaktion: Birgit Rademacker
Lektorat: Cornelia Schinharl
Typografie: Studio Greif
Farbfotos: Klaus Arras
Styling: Xenia Burgtorf
Umschlaggestaltung: kontur : design, Bielefeld
Umschlagmotiv: Heinrich Bauer CARAT KG
Gesamtherstellung: Print Consult, Lochhamer Straße 109 D, 81477 München

Printed in Germany

ISBN 3-8289-1167-6

2005 2004 2003
Die letzte Jahreszahl gibt die aktuelle Lizenzausgabe an.

Dankeschön
Wilhelm Daume GmbH, Bergisch-Gladbach
Eins-Zwei-Drei, Norbert Timm GmbH, Köln
Karin Niessen, Mode und Wohnen, Leverkusen
Pesch GmbH & Co. KG, Einrichtungshaus, Köln
Sticken und Schenken, Kiel
Restaurant Isenburg, Köln-Holweide
Restaurant Schloß Georgshausen, Hommerich bei Lindlar